José Abrantes

As Pedagogias Digitais

(e o professor *data show*)

A Educação, com aulas remotas, não deve ser baseada, apenas, na apresentação de telas. Não podemos ter, simplesmente, professores *data show*! Ensino é muito mais do que projetar conteúdos.

EDITORA CIÊNCIA MODERNA

As Pedagogias Digitais (e o professor data show) - A Educação, com aulas remotas, não deve ser baseada, apenas, na apresentação de telas. Não podemos ter, simplesmente, professores data show! Ensino é muito mais do que projetar conteúdos.

Editor: Paulo André P. Marques
Produção Editorial: Dilene Sandes Pessanha
Capa: Daniel Jara
Diagramação: Daniel Jara
Copidesque: Equipe Ciência Moderna

FICHA CATALOGRÁFICA

ABRANTES, José.

As Pedagogias Digitais (e o professor data show) - *A Educação, com aulas remotas, não deve ser baseada, apenas, na apresentação de telas. Não podemos ter, simplesmente, professores data show! Ensino é muito mais do que projetar conteúdos.*

Rio de Janeiro: Editora Ciência Moderna Ltda., 2022.

1. Educação
I — Título

ISBN: 978-65-5842-166-5 CDD 370

Editora Ciência Moderna Ltda.
R. Alice Figueiredo, 46 – Riachuelo
Rio de Janeiro, RJ – Brasil CEP: 20.950-150
Tel: (21) 2201-6662/ Fax: (21) 2201-6896
E-MAIL: LCM@LCM.COM.BR
WWW.LCM.COM.BR

05/22

Primeiras Palavras

A grande maioria dos professores brasileiros, até a década de 1990, utilizou majoritariamente recursos didáticos analógicos. Algumas vezes foram utilizados recursos audiovisuais, principalmente filmes e documentários, em geral, mostrados em aparelhos de televisão. No passado, o retroprojetor, com projeções de transparências, era um excelente recurso didático, principalmente por permitir a projeção de imagens mais detalhadas e a cores. Dos painéis em cavaletes ou *flip charts* para o retroprojetor, houve um bom salto tecnológico, permitindo aulas mais ilustrativas, portanto, mais atraentes.

Foi nessa época que o autor cunhou o termo "professor retroprojetor", aplicado especialmente ao docente do Ensino Superior (em especial no horário noturno), que ligava o retroprojetor e, à medida que colocava as transparências, ia lendo-as uma a uma, muitas vezes apontando no quadro, com uma vara de madeira, os tópicos, que ele entendia como principais.

Ainda na década de 1990, no Brasil, aparece uma inovação tecnológica fantástica: o *data show*, definido como: sistema multimídia ou aparelho para projeção que, com o auxílio de um computador, apresenta informações, *slides*, mensagens, vídeos ou textos numa tela apropriada. Um salto tecnológico fantástico, especialmente para os, agora, professores *data show*, que já não precisam ficar trocando as transparências, bastando apertar uma tecla, com lindas projeções coloridas da aula, algumas com efeito *flash*, com letras e frases em movimento, também lidas, uma a uma.

Se é para projetar telas e ler, linha por linha, tela por tela, por favor, mande por e-mail, não dê aula e, caso algum aluno tenha dúvida, basta mandar um e-mail ou entrar no grupo do *whatsapp* da turma. Em 2020 e 2021, pelo Brasil afora, milhares de professores e alunos, tiveram aulas remotas, via Internet, devido ao fechamento das escolas, em função da pandemia do coronavírus.

No dia e hora combinado, os alunos entravam na "sala remota" e ficavam a escutar o professor lendo, tela por tela. Alguns até interagiam com os alunos, entre uma tela e outra.

Conclusão: escolas fingiram que ensinaram e alunos fingiram que estudaram e aprenderam. No final, praticamente, todos passaram. Tudo muito prático, objetivo e sem os problemas que as aulas presenciais causam, como por exemplo, discussões e indisciplinas.

Ainda em 2020, aos poucos, por todo lado, começaram a surgir reclamações e observações, especialmente dos alunos do Ensino Médio. Foi um fracasso total, com raras exceções.

Isso não é ensino, isso não é Educação. Muitos educadores e especialistas em gestão escolar, afirmaram que, devido aos problemas da pandemia, especialmente no Ensino Fundamental, talvez o Brasil experimente um atraso no aprendizado, pelo menos durante os cinco anos, após 2022. Entende-se que muitos alunos ficarão com "cicatrizes" de aprendizado, de forma que, em alguns anos a "dor" passará, mas as cicatrizes ficarão para sempre. O que dizer das milhares de pessoas que terão suas formaturas, nos mais diversos cursos, prorrogadas por dois a três anos? Quais impactos sociais, econômicos e financeiros, haverá para as pessoas e o país?

De forma geral, a pandemia mostrou que, com raras exceções, não sabíamos preparar aulas remotas, mesmo aqueles professores com formação didático-pedagógica. Em cursos superiores, com poucas exceções, professores sem licenciatura, "aperfeiçoaram" suas péssimas aulas presenciais. Autênticos professores *data show*. Muitos desses docentes gostariam que a pandemia durasse para sempre, pois assim ficariam bem longe dos alunos (preferem a Educação bem Distante - EbD) e livres do "trabalho" que dá, ir até a faculdade e "aturar" alunos que nada sabem e nada querem saber (é assim que muitos pensam). Será que é o contrário?

Como devem ser as aulas remotas, nos mais diversos níveis? Quais estratégias, teorias e métodos pedagógicos devem ser adotados em aulas e cursos remotos? Qual a importância de materiais impressos, por exemplo, livros-textos, para o acompanhamento das aulas remotas?

Sem condenar a tecnologia e os meios digitais, esse livro apresenta capítulos com conteúdos que muito ajudam a responder essas perguntas. O problema não está na tecnologia, mas sim na forma errada como vem sendo utilizada na Educação, por professores sem a devida formação didático-pedagógica. Não basta dominar tecnologias, tem que saber preparar e conduzir aulas remotas.

O livro começa falando sobre como a Educação está estruturada no Brasil, bem como se forma e habilita um professor em nosso país. É enfatizado que não basta uma pessoa ter bacharelado e pós-graduações, como mestrado e doutorado, ou seja, saber muito sobre determinada área. Por exemplo, mais do que saber Matemática, tem que saber como se ensina Matemática.

O capítulo 1 cita o que é aprendizagem, suas dificuldades e distúrbios, que a prejudicam. Faz uma comparação entre a aprendizagem via estudo em tela e leitura impressa. Também analisa os problemas causados por longas horas diante de uma tela, seja estudando, seja brincando.

Nos capítulos 2 e 3 são apresentadas as definições das diversas Pedagogias, suas teorias e métodos pedagógicos, também explicando o que o autor entende como "Pedagogias Digitais", que são detalhadas no capítulo 4.

O capítulo 4 também faz um resumo, tanto da reforma do Ensino Médio (lei 13.415, de 16 de fevereiro de 2017), quanto das Bases Nacionais Comuns

Curriculares – BNCCs (homologadas em 2017 e 2018), que muito irão impactar a forma como estamos conduzindo a Educação Básica, tanto em aulas presenciais, quanto nas virtuais ou remotas.

O capítulo 5 descreve, considerando o ano de 2021, quais eram as "novas" Pedagogias e tecnologias digitais, aplicadas à Educação. (Em pouco tempo as novas ficarão obsoletas).

Especial atenção deve ser dada à leitura do capítulo 6, onde é detalhada a Teoria das inteligências Múltiplas de Howard Gardner, onde se descobre que cada um aprende de um jeito e de que toda pessoa é inteligente e capaz. Isso é uma quebra de paradigma, especialmente para professores *data show*. Não existe aluno burro! (E professor burro?).

O capítulo 7 disserta sobre como a desigualdade social e a exclusão digital no Brasil impactaram e continuarão impactando a aprendizagem, especialmente em aulas remotas ou ensino virtual.

No capítulo 8 fala-se sobre a "cola na escola" e os plágios escolar e acadêmico, já que as aulas remotas permitiram e permitem, especialmente, em cursos superiores, que alunos nada estudem, nada aprendem e sejam promovidos com altas notas. Nesse capítulo é enfatizado que, nem todo material da Internet pode ser livremente copiado e projetado em aulas remotas. Há que se respeitar a Lei dos direitos autorais.

O livro se encerra transcrevendo o Decreto de regulamentação da EaD (Decreto nº 9.057, de 25/05/2017), que cita como pode ser a Educação a Distância, em todos os níveis de ensino, inclusive na Educação Básica. Boa leitura impressa e bons estudos, impressos e digitais.

José Abrantes (D.Sc.).

Ensino Remoto, Ensino Híbrido e Cursos de Educação a Distância - EaD

É importante entender a diferença entre esses três tipos de ensinos. As aulas e atividades remotas, em geral, são aplicadas pontualmente, em disciplinas específicas, basicamente seguindo o ensino presencial aplicado em plataformas digitais.

O Ensino Híbrido mescla o ensino presencial com o virtual dentro e fora da escola, sendo considerado como uma das tendências mais importantes para a educação do século XXI. Ele permite a adoção de diferentes métodos pedagógicos, tais como o da aula invertida e o laboratório rotacional.

A **aula invertida** ou *flipped classroom* consiste em inverter a metodologia tradicional de ensino. Ou seja, ao invés do professor expor o conteúdo e passar o conhecimento a um grupo de estudantes, o conceito é que esses estudantes já cheguem à sala de aula com o conteúdo estudado, levando o conhecimento adquirido para compartilhar durante a aula, bem como retirar dúvidas existentes. A aula invertida é quando a sala de aula deixa de ser exclusivamente o lugar onde o aluno tem contato com o conteúdo e se transforma em um espaço de apoio didático e prática, através de exercícios, projetos e debates, enquanto o momento de contato com o conteúdo é feito em casa pelos alunos.

No método do laboratório rotacional, são combinados momentos na sala de aula e no laboratório de informática, com conteúdos complementares. As classes são divididas em duas turmas, uma fica no aprendizado virtual, em computadores, e outra fica em uma sala de aula. Depois de um tempo, os alunos fazem a rotação de posições, ou seja, os que estão na sala de aula presencial passam para o virtual, e vice-versa.

A Educação a Distância - EaD é uma modalidade da educação em que alunos e educadores seguem o processo de ensino/aprendizagem estando em ambientes distintos. Isso é obtido por meio da tecnologia, em especial pela Internet, que possibilita aos alunos assistirem às aulas através de computadores, *tablets* ou até mesmo *smartphones*. Quanto maior a tela, melhor.

Na EaD, além das aulas, também é possível realizar avaliações, sanar dúvidas, fazer exercícios, participar de debates e outras atividades, tal e qual no ensino presencial. No modelo EaD é possível ter acesso a materiais prontos como: vídeos, textos, imagens e trabalhos que permitem mais autonomia para os alunos, pois não precisam da presença dos professores para que os estudos tenham continuidade.

Geralmente são vídeos curtos, no máximo de 15 minutos, que junto com os materiais complementares de estudo, acabam funcionando melhor para o engajamento dos alunos, do que as aulas longas e expositivas do ensino presencial. O modelo EaD possui tutores que ficam disponíveis em alguns momentos do dia para orientar e tirar as dúvidas dos alunos.

É importante frisar que, tal e qual no ensino presencial, para um melhor rendimento, toda e qualquer forma de ensino tem que ser seguida por livros textos e outros materiais impressos, nada impedindo que sejam utilizados, também, livros e artigos digitais, como material didático complementar.

Um pouco sobre a Educação no Brasil, após a Lei Darcy Ribeiro de 1996

Uma ampla reforma na educação brasileira foi implantada em dezembro de 1996, com a Lei de Diretrizes e Bases, a LDB (chamada Lei Darcy Ribeiro), que trouxe diversas mudanças às leis anteriores, inclusive com a inclusão da Educação Infantil (creches e pré-escola).

Ainda em 1996, o Ministério da Educação criou o Fundo de Manutenção e Desenvolvimento do Ensino Fundamental e de Valorização do Magistério (Fundef) para atender ao Ensino Fundamental. Os recursos para o Fundef vinham das receitas dos impostos e das transferências dos estados, do Distrito Federal e dos municípios vinculados à Educação. O Fundef vigorou até 2006, quando foi substituído pelo Fundo de Manutenção e Desenvolvimento da Educação Básica e de Valorização dos Profissionais da Educação (Fundeb). A partir de então, toda a Educação Básica, da creche ao Ensino Médio, passou a ser beneficiada com recursos federais. O primeiro Fundeb vigorou até 2020 quando, em 30/12/2020, foi promulgada a Lei nº 14.113/2020, com o novo Fundeb. A contribuição da União neste novo Fundeb vai aumentar gradativamente até atingir o percentual de 23% dos recursos que formarão o fundo em 2026. Passará de 10%, do antigo Fundeb, para 12% em 2021; em seguida, para 15% em 2022; 17% em 2023; 19% em 2024; 21% em 2025; até alcançar 23% em 2026.

No Brasil, a Educação é administrada nos níveis federal, estadual e municipal. O Ministério da Educação – MEC, atua no nível federal, cabendo às Secretarias Estadual e Municipal de Educação a administração ou gestão nos níveis estaduais e municipais.

O Plano Nacional de Educação (PNE) aprovado pela Lei nº 13.005/2014, tem como finalidade direcionar esforços e investimentos para a melhoria da qualidade da educação no país. Estará em vigor até 2024. É um plano diferente dos planos anteriores. Uma das diferenças é que o novo PNE é decenal por força constitucional, o que significa que ultrapassa governos. Tem vinculação de recursos para o seu financiamento, com prevalência sobre os Planos Plurianuais (PPAs). Dentre as 20 metas previstas no PNE, destaca-se a ampliação do investimento público em Educação Publica, de forma a atingir, no mínimo, o patamar de 7% do Produto Interno Bruto - PIB do País no 5º ano de vigência desta Lei e, no mínimo, o equivalente a 10% (dez por cento) do PIB ao final do decênio (2024).

O PNE estabelece metas e estratégias para a melhoria da educação no país, em todos os níveis de ensino, dentre as quais: a universalização, até 2016, da Educação Infantil na pré-escola para crianças de quatro a cinco anos e 11 meses, além da garantia de oferta de creche para 50%, para as crianças de até três anos até o final dos dez anos (2024). O texto também assegura atendimento especializado universal para alunos com deficiência ou superdotados. Pela proposta, a partir do décimo ano de vigência do plano (2024), todas as crianças de até seis anos de idade deverão ser alfabetizadas. Até lá, a alfabetização deverá ser gradual, com a possibilidade de que a alfabetização seja completa a partir dos oito anos, nos primeiros cinco anos (2019) de vigência do PNE.

Até setembro de 2023, o analfabetismo absoluto deve ser erradicado no país. Para o Ensino Superior, o objetivo era elevar em 50% a taxa de matrícula. O plano também pretendia triplicar as matrículas da educação profissional técnica de nível médio, com pelo menos 50% de gratuidade na expansão das vagas. O plano estabelecia, ainda, a meta de elevar, para moradores do campo e de regiões pobres, a escolaridade média da população de 18 a 29 anos. O objetivo era de que a média chegasse a 12 anos de estudo, o que equivale à conclusão do Ensino Médio.

O capítulo 4, desse livro, faz um resumo, tanto da reforma do Ensino Médio (lei 13.415, de 16 de fevereiro de 2017), quanto das Bases Nacionais Comuns Curriculares – BNCCs (homologadas em 2017 e 2018), que muito irão impactar a forma como estamos conduzindo a Educação Básica, tanto em aulas presenciais, quanto nas virtuais ou remotas.

Estrutura e Organização da Educação no Brasil

Como este é um livro da grande área de Educação, entende-se ser importante mostrar como estava estruturada e organizada a Educação no Brasil em 2022, lembrando que está subdividida em duas grandes áreas: Educação Básica e Ensino Superior, que inclui a Graduação e a Pós-graduação.

Educação Básica
- Educação Infantil
  - Creche[1]
  - Pré-escola[2]
- Ensino Fundamental[3] (Após os seis anos de idade)
- Ensino Médio (1º ao 3º ano)
- Curso técnico de Magistério (três anos)
- Ensino Profissional de nível médio (mínimo de três anos)
- Educação de Jovens e Adultos – EJA
- Educação Especial (alunos com necessidades especiais)
- Educação indígena
- Educação/escolas alternativas (não tradicionais)
- Educação prisional (para a população carcerária)

1 Creche: (zero a 3 anos e 11 meses de idade)

2 Pré-escola: (4 a 5 anos e 11 meses de idade)

3 Ensino Fundamental:
- 1^0 ao 5^0 ano (anos iniciais)
- 6^0 ao 9^0 ano (anos finais)

Ensino Superior
- Graduação
  - Bacharelado
  - Licenciatura
  - De curta duração (forma tecnólogos)
- Pós-graduação
  - Cursos Livres*
    - Extensão
    - Aperfeiçoamento
  - ***Lato sensu***
    - Especialização (MBA)
  - ***Stricto sensu***
    - Mestrado**
    - Doutorado***
    - Pós-doutorado****

* Os cursos livres podem ser classificados em corporativos e não corporativos, e não são regulamentados por nenhum órgão educacional. Os corporativos são elaborados para atender às necessidades específicas de uma determinada empresa, enquanto os não corporativos são oferecidos para o público em geral, sendo os alunos vinculados ou não a uma instituição.

** O mestrado pode ser acadêmico ou profissional.

*** O doutorado pode ser acadêmico ou profissional, sendo que o doutorado profissional foi instituído pela portaria do MEC, n^0 389 de 23/03/2017.

**** Até o primeiro semestre de 2022 não existiam regulamentações específicas para "cursos" de Pós-doutorado.

Como se Forma e Habilita um Professor no Brasil?

No Brasil, em 2022, existem várias formas e modalidades de cursos, para a formação de professores para atuação, nos mais diferentes níveis de ensino. A seguir, são citadas essas formas e modalidades, observando-se que quase todas podem ser cursadas na modalidade de Ensino a Distância – EaD, segundo o Decreto nº 9.057, de 25/05/2017, transcrito no Anexo A desse livro.

A formação docente pela licenciatura

O curso superior, nível graduação, de licenciatura forma professor, ou seja, dá uma "licença" ou autorização legal para se exercer o magistério, por lei, em qualquer nível de ensino, ou seja, tanto na Educação Básica, quanto no Ensino Superior. Em geral, quem faz uma licenciatura objetiva atuar na Educação Básica. Uma licenciatura habilita e legaliza o professor para atuar nas séries finais do Ensino Fundamental (6º ao 9º ano) e no Ensino Médio, podendo atuar também no Ensino Superior. Normalmente cursos de licenciatura duram quatro anos. Não existe impedimento legal, para que uma pessoa apenas com licenciatura atue no ensino superior.

O curso de licenciatura em Pedagogia destina-se à formação de professores para exercer funções de magistério na Educação Infantil (creche e Pré-escola, para crianças com até 5 anos e 11 meses de idade), nos anos iniciais do Ensino Fundamental (1º ao 5º ano), nos cursos de Ensino Médio, na modalidade Normal (veja adiante) de formação de professores, de Educação Profissional na área de serviços e apoio escolar e em outras áreas nas quais sejam previstos e exigidos conhecimentos pedagógicos. Observa-se que um(a) pedagogo(a) não atua apenas, diretamente, em sala de aula.

Cabe observar que, do ponto de vista legal, segundo a Lei de Diretrizes e Bases - LDB, tanto o "apenas" licenciado, quanto o apenas bacharel podem atuar como professor em cursos superiores, normalmente na categoria de professor auxiliar. Entretanto, a própria LDB restringe esta possibilidade quando prioriza professores com mestrado e doutorado, exigindo que a instituição de ensino tenha, no mínimo, um terço (33%) dos docentes com essas titulações. Desde 2007 (e até a 1ª edição deste livro), tramitava no Senado Federal um projeto de Lei que obriga as instituições públicas e privadas de Ensino Superior a ter, no mínimo, metade (50%) do corpo docente formado por mestres e/ou doutores. Esse mesmo projeto de Lei especifica que, pelo menos, um quarto (25%) dos professores tenham título de doutor. O regime de trabalho com Dedicação Exclusiva também seria modificado: passaria de um terço (33%) para 40% dos docentes. Na Dedicação Exclusiva, em instituições públicas, o professor recebe um percentual a mais sobre o seu salário base (entre 50% a 65%), mas não pode ter outra fonte de renda, exceto alguma aposentadoria e recebimento de direitos autorais.

Um dado preocupante é que está diminuindo, ano após ano, o número de alunos do Ensino Médio que pretendem fazer alguma licenciatura, para atuar como professor, especialmente na Educação Básica. Outro dado extremamente preocupante é quando se constata que, em geral no Brasil, considerando o ano de 2019, de cada 100 alunos que entraram na universidade (quatro anos antes) para se licenciar em Matemática, apenas 20 terminaram, ou seja, desistência de 80%. Dos 20 que terminaram a licenciatura, nem todos irão atuar efetivamente como professor. Por que isto acontece? Por que a carreira docente está tão desprestigiada, no Brasil? Será apenas devido aos baixos salários, comparativamente a outras ocupações com o mesmo nível escolar?

Observações sobre Pós-graduações *stricto sensu*, nos níveis de mestrados e doutorados (que não habilitam como professor)

Cursos de Pós-graduações, nos níveis de mestrados e doutorados não habilitam, legal e especificamente, à atuação como professor na Educação Básica. Aliás, mestrados e doutorados que não sejam da área de Educação, não têm em sua grade curricular, disciplinas voltadas à docência, ou seja, a pessoa se doutora, mas não aprende como se leciona. Por exemplo, uma pessoa com bacharelado em Matemática, mestrado e doutorado em Matemática, ou seja, uma pessoa com profundos conhecimentos de Matemática, no Brasil, essa pessoa, por lei, não pode atuar como professor na Educação Básica, mesmo em escolas particulares. Não basta apenas saber algo, também tem que saber como ensinar este algo.

O mestrado, com duração de até dois anos, tem por objetivo, tanto iniciar o aluno na pesquisa científica, quanto aperfeiçoar a formação de professores, principalmente quanto aos cursos de mestrado voltados para as áreas de educação/pedagogia. O mestrado obtém-se com a defesa de uma dissertação, que deve ser um trabalho original, com uma monografia sobre um determinado assunto, obviamente relacionada à área de estudo. No Brasil, mestres recebem a denominação latina de *Magister Scientia* ou de forma resumida M.Sc.

E quanto ao doutorado ou doutoramento? Inicialmente deve ser dito que, no Brasil, não existe nenhuma exigência legal para que, uma pessoa que queira fazer um doutorado, tenha que ter o mestrado ou Pós-graduação *lato sensu*. Ou seja, em teoria pode-se ir diretamente da graduação para o doutorado, inclusive os tecnólogos, que fazem uma graduação de curta duração. No Brasil não existe esta "prática" e nossas universidades exigem, para os candidatos ao doutorado, entre outras exigências o mestrado completo, com raras exceções.

O doutorado obtém-se com a defesa de uma tese (que também é uma monografia), que deve ser um trabalho original e inédito, não necessariamente uma "descoberta inédita". O doutorado é mais voltado à pesquisa científica (objetiva formar cientistas), enquanto o mestrado é mais voltado (ou deveria ser) para a docência superior. O curso de doutorado tem uma duração média de quatro anos. No Brasil, doutores recebem a denominação latina de *Doctor Scientiae* ou de forma resumida D.Sc. Quando o doutorado é obtido em um país de língua inglesa a denominação é *Philosophy Doctor* ou de forma resumida Ph.D. Ou seja, tanto um D.Sc, quanto um Ph.D, tem o mesmo nível de estudo e mesma titulação. Ambos são doutores.

Diversos estudos mostram que, nas escolas da Educação Básica, onde existe um número significativo de mestres e doutores, nas diversas áreas, apresentam melhores resultados, nos mais diversos indicadores educacionais. Embora isto seja verdade, o simples fato de ter cursado um mestrado e doutorado, não transforma um profissional num excelente professor. Existem excelentes professores, apenas graduados e péssimos professores com o título de doutor. O título em si não define a qualidade de um professor. "Beleza não põe mesa".

A formação docente na modalidade "segunda licenciatura"

Essa modalidade de formação permite que uma pessoa, já com uma licenciatura concluída, faça outra licenciatura em prazo menor. Ou seja, aproveita várias disciplinas realizadas na primeira licenciatura. O Capítulo V, Artigo 15, da Resolução CNE/CP n⁰ 2/2015, de 1⁰ de julho de 2015, cita que os cursos de segunda licenciatura terão carga horária mínima variável de 800 (oitocentas) a 1.200 (mil e duzentas) horas, dependendo da equivalência entre a formação original e a nova licenciatura. No seu § 1º, inciso I, a Resolução cita que quando o curso de segunda licenciatura pertencer à mesma área do curso de origem, a carga horária deverá ter, no mínimo, 800 (oitocentas) horas. Ainda no seu § 1º, inciso III, esta Resolução cita que a carga horária do estágio curricular supervisionado é de 300 (trezentas) horas.

É interessante acrescentar que a resolução, no inciso II, do § 2º, cita que: "quando o curso de segunda licenciatura pertencer a uma área diferente da do curso de origem, a carga horária deverá ter, no mínimo, 1.200 (mil e duzentas) horas". Isto significa que, por exemplo, um professor licenciado em Geografia, possa se licenciar em Biologia ou Química ou outra especialidade, desde que instituições de ensino superior, com estas licenciaturas ofereçam estas segundas licenciaturas, sem que o aluno tenha que cursar integralmente a licenciatura pretendida.

A formação de professor pela complementação pedagógica

Esta modalidade de formação foi criada, originalmente, com a intenção de formação de professores em caráter emergencial (à época, 1997, faltavam professores de Educação Básica), equivalente a uma licenciatura, para atuar na Educação Básica, nos anos finais do Ensino Fundamental (6º ao 9º ano), no Ensino Médio e no Ensino Médio Profissional (cursos técnicos). Desde sua criação, segundo Resolução CNE/CEB Nº 02/97, tem formado graduados não licenciados, exclusivamente aplicado a bacharéis ou tecnólogos, que queiram se habilitar para ministrar aulas na Educação Básica. É um curso reconhecido e garantido como formação de professores para o ensino básico (Art. 61 e 63 Lei n° 9.394, de 20 de Dezembro de 1996, Lei n°13.415, de 16 de Fevereiro de 2017 e Art. 14 Decreto n° 8.752 de 9 de Maio de 2016).

Nos cursos de formação pedagógica para graduados não licenciados (Art. 14 Resolução n° 2, de 1° de Julho de 2015) a carga horária mínima é de 1.000 a 1.400 horas de efetivo trabalho acadêmico. Depende da equivalência entre o curso de origem e a formação pedagógica pretendida. É necessário também 300 horas de estágio curricular supervisionado.

O concluinte da complementação pedagógica, que passa a ser um profissional com uma licenciatura, tem garantido todos os direitos legais, conforme o Art.

10 da Resolução CNE/CEB Nº 02/97. É importante que seja feita em uma instituição devidamente credenciada pelo MEC, caso contrário, não será válida a licenciatura.

O Curso Técnico de Magistério, de nível médio (antigo Normal), com três anos de duração

Embora a Lei de Diretrizes e Bases da Educação Nacional (LDB), de 1996, artigo 62, recomende a formação de professores da Educação Básica em nível superior, o curso de Magistério, de nível médio, foi aceito até 2020, para atuar na Educação Infantil e nos anos iniciais do Ensino Fundamental (1^0 ao 5^0 ano). Este era o antigo curso "Normal", que formava professores para atuar no antigo "curso primário" (antes da LDB). Os professores com esta formação são chamados de P2, enquanto os licenciados no Ensino Superior, que atuam nos anos finais do Ensino Fundamental (6^0 ao 9^0 ano) e no Ensino Médio, são chamados P1. Uma das metas do Plano Nacional de Educação (PNE), previa (não obrigava) que todos os professores da Educação Básica tivessem formação específica de nível superior em curso de licenciatura até 2020 e licenciatura em Pedagogia para atuar do 1^0 ao 5^0 ano no Ensino Fundamental. O grande objetivo do PNE é que todos os professores atuantes na educação sejam formados em nível superior até 2024.

A Pós-graduação *lato sensu* em Docência do Ensino Superior (forma especialista, mas não habilita como professor)

A formação de professor para atuar no Ensino Superior é citada no artigo 66 da Lei de Diretrizes e Bases – LDB, Lei Nº. 9394/96. Esse artigo cita que a "preparação" (não cita formação) para o exercício do magistério superior será realizada em nível de Pós-graduação, prioritariamente em programas de mestrado e doutorado. Ou seja, o docente universitário será preparado (e não formado), "prioritariamente" (não obrigatoriamente), nos programas de mestrado e doutorado. O parágrafo único do mesmo artigo cita e reconhece o notório saber (em determinada área ou disciplina), título concedido por universidade com curso de doutorado na área ou disciplina específica.

Segundo a LDB, que regulamenta o sistema educacional no Brasil, cursos de bacharelado não habilitam automaticamente ao magistério. O profissional graduado deve ter (não é obrigatório), no mínimo, uma Pós-graduação *lato sensu* (especialização) para atuar como docente no ensino superior privado.

A Resolução CES/CNE n° 1/2018, estabelece diretrizes e normas para oferta dos cursos de Pós-graduação *lato sensu* denominados cursos de especialização. Na prática, a maioria desses cursos tem entre 360 e 500 horas de aula, sem a exigência de estágio. Algumas instituições exigem a monografia de final de curso, algumas também com sua apresentação, outras apenas a entrega da monografia e, ainda, outras que não exigem nenhum trabalho de conclusão de curso. Os concluintes recebem um certificado de "Especialista em Docência do Ensino Superior".

A grade curricular desses cursos é muito variada, mas em geral, e até pelo tipo de curso, são oferecidas disciplinas diretamente relacionadas à Pedagogia e Didática e, em alguns casos, disciplina relacionada à Gestão do Ensino Superior. Uma consulta na WEB mostra que as seguintes disciplinas constam da maioria desses cursos:

- Docência no Ensino Superior (com foco na Pedagogia), - Práticas no Ensino Superior (com foco na Didática), - Legislação e Currículos no Ensino Superior, - Gestão do Ensino Superior, - Políticas Públicas Educacionais, - Interdisciplinaridade e Contextualização, - Estratégias Pedagógicas, - Metodologia do Trabalho Científico e - Trabalho de Conclusão do Curso – TCC. Em geral, cada disciplina tem uma carga horária total entre 40 e 60 horas de aula.

O professor José Abrantes ousa dizer que, no Brasil, caso os milhares de professores universitários com mestrado e doutorado, com bacharelado e sem licenciatura, fizessem esse curso de Docência do Ensino superior, com certeza o nível do nosso ensino ia melhorar muito. Em 2022, muitas faculdades e universidades privadas, privilegiavam mestres e doutores com licenciatura ou com Docência do Ensino Superior.

Sumário

Capítulo 1

A Aprendizagem e suas Dificuldades. O Ensino Digital Ajuda?

1.1 Aprendizagem

Segundo DeAquino (2007, p. 3): "O mundo moderno, de modo geral, e o mundo dos negócios, de modo particular, exigem das pessoas um constante aprendizado, para que elas obtenham cada vez mais sucesso ou, no mínimo, não se sintam marginalizadas e sem oportunidades. Estamos na era do *Lifelong Learning*, ou educação continuada".

A aprendizagem é um processo de reflexão, ou seja, recebe-se uma informação e, após uma análise reflexiva, adquire-se (ou não) um conhecimento. Em resumo, o processo de aprendizagem depende de ações pessoais, tanto de quem ou o que transmite a informação, quanto de quem processa esta informação e a transforma em conhecimento.

O próprio mestre Paulo Freire ensinou que ninguém ensina a ninguém e cada um aprende por si só. Aqui também fala-se da diferença entre aprendizagem ou *learning* e ensino *teaching*. A educação continuada compreende a aprendizagem, principalmente entre adultos, como é o caso de funcionários de uma empresa. O ensino nos remete à escola antiga onde os professores (acham que) ensinam. Principalmente neste novo século (XXI), mesmo entre crianças e jovens, o que existe são pessoas que querem aprender e não suportam o professor tentando ensinar, principalmente usando métodos didáticos ultrapassados (como, por exemplo, o professor *data show*). Será que um bom papagaio, dá aulas apenas com *data show*?

Hoje, na maioria das cidades as pessoas têm acesso aos mais modernos meios de informação, portanto, não tem sentido tentar "ensinar" da forma clássica. A forma moderna de aprendizado quebra o conceito cartesiano das disciplinas estanques. Cada vez mais, vivemos a multi, a inter e a transdisciplinaridade. Tudo está interligado e tudo muda constantemente. O aprendizado tem que ser feito via contextualização, ou seja, utilizando tudo o que ocorre na prática. Especialmente, as crianças e adolescentes devem sentir prazer em ir à escola, e não apenas ver este espaço como um "depósito de gente", enquanto os responsáveis trabalham.

Ao longo dos tempos, o espaço de aprendizagem deixou de ser exclusivamente a clássica sala de aula. Há décadas que a aprendizagem pode ocorrer para além da sala de aula física, por exemplo, a distância e via Internet.

1.2 Como se aprende?

Sabe-se que existem três processos básicos que envolvem o aprendizado: 1) Emocionais, 2) Cognitivos e 3) Psicossociais. Só aprende quem o quer. Pode ser a melhor escola, com os melhores professores e com os mais modernos métodos de ensino; se o aluno não "quiser", não aprende. O grande mestre Paulo Freire já dizia: "ninguém ensina nada a ninguém, cada um aprende por si só". O professor Abrantes complementa; "se quiser". O aluno tem que estar disposto e motivado a "aprender". Se não quiser, nada aprende. Uma pessoa abalada emocionalmente, não solta a sua vontade em aprender. Por exemplo, como pode prestar atenção à aula e aprender, uma pessoa que esteja passando por uma grande perda? E quanto à cognição, ou seja, facilidade no aprender? Somos todos iguais?

Existem pessoas que aprendem, determinadas coisas, mais facilmente que outras, e vice-versa. Mesmo pessoas com sérios problemas mentais, por exemplo, a esquizofrenia, conseguem aprender muitas coisas. Como será visto no capítulo 6, todo ser humano é dotado de várias inteligências, sendo algumas mais "fortes" que outras. Numa mesma classe, seja de que nível for, alguns alunos têm mais facilidades de aprendizado que outros. Isto foi constatado pelo professor Abrantes, após lecionar disciplinas da área de Matemática, nos Ensinos Fundamental, Médio e Superior. Sim, existem pessoas que têm mais facilidades para aprender Matemática, do que outras. O mesmo ocorre com outras disciplinas, sendo comum um aluno ter facilidade para a Matemática e dificuldades, por exemplo, com a Biologia. Por que isto acontece? Graças a Deus, somos diferentes. Cada um é cada um. Nascemos, crescemos e vivemos de formas diferentes. Há muito tempo sabemos que nascemos com capacidades cognitivas diferentes. Existem sim, pessoas mais inteligentes que outras, em determinados tipos de inteligências, como será visto no capítulo 6 (a Teoria das inteligências Múltiplas).

Após mais de seis décadas, como aluno e professor e após muitas pesquisas em salas de aulas, o professor Abrantes "constatou" o que ele chama de "Lei dos 25% no aprendizado". Segundo suas vivências, independentemente da disciplina ou assunto, em uma classe de qualquer disciplina, de qualquer nível, cerca de 25% dos alunos têm "facilidades" para aprender o que está sendo ensinado; 25% têm "muitas dificuldades" e 50% não têm facilidades nem dificuldades! Este é o grande desafio de um professor: preparar aulas e ensinar, de forma a atingir principalmente os 25% que têm "muitas dificuldades". E quanto à Educação a Distância, a EaD, como proceder? Este é um desafio bem maior do que em cursos presenciais: elaborar aulas digitais que atinjam a todos. É possível tornar todo aluno de EaD um autodidata? O que fazer?

Ainda baseado em suas experiências docentes, inclusive em cursos a distância, o professor Abrantes ousa concluir que, apenas 20% a 30% das pessoas têm o autodidatismo nas veias! Quando são combinados a Lei dos 25% e os poucos alunos com autodidatismo, conclui-se sobre o imenso desafio que a Educação a Distância, a EaD, tem pela frente. Infere-se que as Realidades Virtual e Aumentada, em muito podem ajudar, embora ainda, em 2022, era acessível a poucos no Brasil (veja capítulo 5).

1.3 Como se deve estudar?

Existem pessoas que têm "facilidades" para aprender determinadas coisas, enquanto outras não. Com facilidades ou dificuldades de aprendizado, existem métodos didático/pedagógicos que em muito ajudam às pessoas no processo de aprendizado. Segundo o educador Kevin Miller, da Universidade Cristã do Colorado, EUA, dependendo do método empregado, a retenção da aprendizagem é de:

1) 5% em aula; 2) 10% com leitura; 3) 20% com audiovisual; 4) 30% com demonstração; 5) 50% com grupos de discussão; 6) 75% com a prática (aprender fazendo) e 7) 80% ao ensinar os outros (quanto mais se ensina, mais se aprende).

A atividade docente tem que privilegiar a prática, ou melhor, tem que ir do concreto para o abstrato. Lembra-se mais e aprende-se mais, aquilo que se faz. Tente decorar a receita de um bolo. Por mais que você leia e decore, uma hora irá esquecer. Agora, além de ler, faça o bolo seguindo a receita. Provavelmente não esquecerá, especialmente após fazê-lo algumas vezes.

Especialmente na Educação a Distância, onde o aluno fica sozinho em frente a uma tela, é muito importante seguir alguns passos, para que se "aprenda" o máximo possível. Não basta apenas ver e ouvir o que um "professor" faz na tela. Sim, tem que anotar em papel. O ato de escrever algo que foi dito, ajuda na "memorização". Ou seja, o aluno de EaD tem que assistir às aulas fazendo resumos, anotações e perguntas. Posteriormente, no mais breve tempo possível após assistir à aula a distância, tem que ler sobre o conteúdo, tanto na forma impressa, principalmente na forma de livros, quanto em meios digitais. Em 2022, já existiam infinidades de *sites* com excelentes materiais didáticos, das mais diversas áreas e disciplinas. O capítulo 4 aprofunda como devem ser assistidas aulas remotas ou digitais.

1.4 Como se aprende mais ou melhor: lendo em tela ou no papel impresso?

Em 2022, embora ainda não tivessem sido publicados pesquisas e estudos profundos e avançados sobre quais "problemas" apenas a leitura digital (ou seja, em tela), poderia apresentar, em relação à leitura na forma impressa em papel, o professor José Abrantes, baseado, tanto em suas leituras (ele também lê em tela), quanto avaliando alunos, "intuía" que, os alunos que "apenas liam em tela", apresentavam um menor nível de aprendizagem, bem como menores rendimentos escolares. Abrantes reconhece que este é um tema extremamente polêmico, sendo que muitos outros professores, inclusive especialistas em educação não concordam com a "intuição" do Abrantes. A seguir são apresentadas análises comparativas entre os dois tipos de leituras.

A primeira análise refere-se ao artigo publicado em 16/05/2014, pelo professor Diego Prandino (diego.prandino@pontodosconcursos.com.br), onde ele expressa suas opiniões, baseado no artigo "Por que seu cérebro prefere o papel", publicado em maio de 2014, no número 256 da revista Mente e Cérebro, publicada pela Editora Segmento. Segundo o artigo e análises do professor Prandino, a leitura em papel ou física apresenta as seguintes diferenças/vantagens, em relação à leitura digital:

Quando uma pessoa lê em um computador ou *tablet* ou *smartphone*, seu cérebro assume um estado de concentração menos aberto à aprendizagem, quando comparado à leitura em papel. O cérebro tende a associar esses aparelhos a instrumentos de trabalho (estresse) ou de diversão (lazer). A leitura em papel gera no leitor uma postura mais investigativa, de questionamento, inclusive possibilitando escrever observações e perguntas no papel que está sendo lido.

Especialmente as pessoas mais velhas (com mais de 70 anos de idade), relatam que, tanto o cheiro, quanto a textura do papel favorecem a aprendizagem (será?), pois assim foram condicionados a ler, desde crianças. Estas pessoas também admitem que, possivelmente, no futuro, uma criança cercada de aparelhos eletrônicos desde seus primeiros anos não interpretará como significante essa diferença sensorial entre papel e tela.

Os livros, apostilas ou cursos impressos, quando manipulados, têm uma forma física bem definida: uma página de cada lado, cada uma com quatro cantos, totalizando oito cantos. É nesse espaço que as informações são transferidas. Isto facilita quando se está com dúvida sobre alguma parte já lida, pois permite lembrar que, por exemplo, o assunto em questão está no topo de uma página, logo no início do livro, ou então, que o dado que se precisa está no final de uma tabela que foi lida dias antes, em determinado trecho do livro. Além da localização física da informação na página, a sensação que experimentamos, ao segurar o livro impresso, nos ajuda a traçar um mapa mental do conhecimento. À medida que lemos um livro impresso, as páginas à direita vão se reduzindo, enquanto as páginas à esquerda vão aumentando. Conforme lemos, a passagem das páginas funciona como pegadas. Inconscientemente, nosso cérebro vai traçando um mapa do assunto, numa sequência lógica, tal como um mapa mental. Esse mapa facilita a recuperação das informações, seja a partir do cérebro, seja a partir do material impresso. No material digital, o leitor pode passar uma ou 200 páginas com apenas um clique. Perde-se a experiência espacial da obra. A capacidade de "deixar pegadas" é reduzida substancialmente. Na leitura digital, sempre vemos parte de uma página. Quando muito, podemos ver uma ou, no máximo, duas folhas por vez. Nosso cérebro nunca sabe se há apenas aquelas duas páginas a serem lidas ou se há mais duas mil! Segundo o professor Prandino, diversas pesquisas sugerem que a eficiência da leitura digital é prejudicada pela distorção causada no sentido de localização do texto. Além disso, a continuidade do texto eletrônico, sem troca de páginas perceptível ao cérebro, prejudica a memória de curto prazo.

A leitura digital causa mais esforço mental e físico. Por exemplo, é comum a pessoa se incomodar com uma luz muito forte refletida na página branca de um livro. As telas eletrônicas, por mais foscas que sejam, são autoiluminadas, ou seja, emitem luz, de modo que a leitura prolongada pode causar dores de cabeça e fadiga ocular.

A leitura de um documento impresso, em papel, uma apostila ou um livro é muito simples: basta olhar para ele. Os documentos digitais, por outro lado, exigem um suporte tecnológico, tal como o computador, celular ou *tablet*, que, em geral, oferece pontos de distração ao leitor. É comum a pessoa estudar, na forma digital, um determinando assunto e, do nada, passa para outro, completamente diferente. Pronto, lá foi o foco. Segundo o professor Prandino, diversos experimentos demonstraram que a capacidade de concentração e de imersão é superior quando o leitor se debruça sobre o papel, comparativamente a um meio de leitura digital. O professor José Abrantes, concorda com essa colocação.

As informações a seguir foram extraídas em 22/11/2017, tendo sido publicadas em 16/06/2014 (https://gauchazh.clicrbs.com.br/educacao-e-emprego/noticia/2014/06/Papel-supera-telas-em-compreensao-de-texto-dizem-cientistas-4528110.html):

Em 2002, pesquisadores das universidades britânicas de Plymouth e Bristol sugeriam que lembramos melhor daquilo que lemos em papel. Dois anos depois, psicólogos das universidades suecas de Karlstad e Gothenburg complementaram: monitores eletrônicos são lanternas de estresse, e rolar páginas virtuais distrai mais do que virar páginas reais. Em 2004, um estudo da universidade francesa de Bretagne-Sud apontava que o *e-book* "dificulta a recordação de informação assimilada", enquanto o papel "tende a facilitá-la". Haveria uma "relação crítica" entre o manejo do objeto e o processamento mental do texto.

Separando 72 estudantes do curso primário (nosso Fundamental do 1º ao 5º ano) em dois grupos, Anne Mangen, da universidade norueguesa de Stavanger, pôde observar que narrativas lineares ganhavam leituras mais pobres quando digitalizadas em PDF. Entre as possíveis causas estaria a "fisicalidade" do papel, contra a excitação meramente visual dos monitores. Mangen diz que é cedo para restringir as diferenças a aspectos táteis, já que a experiência com a palavra depende também de "subdimensões" como a diagramação da página, o tipo de texto, o propósito e o local de leitura. Ainda assim, ao entrevistar leitores, ela ouviu muito aplauso ao manuseio do objeto, como o prazer de ter um livro em mãos e a possibilidade de fazer anotações na margem. Além disso, já está relativamente aceito que não somos muito bons em executar várias tarefas ao mesmo tempo (especialmente os homens, como citado no capítulo 6). Isso vem a um custo não apenas cognitivo, como a perda da habilidade de manter o foco por longos períodos, mas também em diversos outros níveis, afirma a professora, mencionando a preocupação da comunidade científica com a formação de crianças mais acostumadas a telas virtuais do que ao toque físico.

Decano da Escola de Informação da Universidade do Texas (em 2021), Andrew Dillon repara que os avanços tecnológicos disparam muitos outros alertas vermelhos, para além da nossa relação com a palavra escrita. Fala-se, por exemplo, que os serviços de nuvem e busca vão detonar a memória humana como se fosse aplicativo dispensável para a espécie. Dillon concorda que devemos segurar firme a habilidade de apreciar os benefícios de textos longos, mas diz que não vale gastar muito tempo pensando em um "iminente colapso da cultura".

O artigo: "*Overcoming screen inferiority in learning and calibration*", publicado em 2014, pelo Instituto de Tecnologia de Israel, cita que estudantes de Engenharia apontam que o aprendizado na tela, além de menos eficiente, vem acompanhado de excesso de confiança. Esse déficit pode ser compensado com estratégias de leituras específicas. (http://www.sciencedirect.com/science/article/pii/S0747563214001149. Acesso em 22/11/2017).

Em 2017, uma equipe de pesquisadores da área de Educação e Psicologia da Universidade de Maryland, nos EUA, conduziu uma pesquisa, entrevistando grupos de estudantes universitários para investigar suas preferências (se preferiam ler textos digitais ou impressos), sua percepção sobre a compreensão do texto (em qual formato acreditavam aprender mais) e depois mediram com base em algumas perguntas qual desempenho foi, de fato, mais satisfatório. A primeira pergunta, mais geral, questionava sobre qual era a ideia do texto. A segunda pedia que listassem tópicos abordados, e a terceira que fornecessem alguma informação adicional.

O que surpreendeu os pesquisadores é que as preferências e percepções dos estudantes foram inversas aos seus desempenhos. A maioria esmagadora preferia ler em formato digital e acreditava ter maior aproveitamento nesse formato. Por outro lado, embora os resultados para a primeira pergunta, sobre a ideia geral do texto, tenham gerado resultados semelhantes para o papel e a tela, os detalhes da leitura foram mais extraídos no tradicional texto impresso. Os pesquisadores também constataram que a leitura digital costuma ser bem mais rápida. Será que atrapalha o entendimento?

Constataram que um pequeno grupo de estudantes, que apresentou resultados semelhantes para a leitura nos dois formatos, fazia justamente uma leitura digital mais lenta, tentando absorver os detalhes do texto em vez de rolar a barra freneticamente.

Baseado nessa pesquisa, pode-se sugerir que os alunos sejam orientados pelos professores a ler mais lentamente, no digital.

A neurocientista cognitiva americana Maryanne Wolf, da Universidade da Califórnia em Los Angeles (UCLA), declarou, em 2019, que pessoas se queixam de não conseguir mais se concentrar em textos longos ou mergulhar na leitura tão profundamente quanto conseguiam antes. Segundo ela, as pessoas estão percebendo que algo está mudando no seu poder de leitura.

A razão, segundo a pesquisadora, é que o excesso de tempo em telas, celulares e *tablets*, desde a infância até a vida adulta, e os hábitos digitais associados a isso, estão mudando radicalmente a forma como muitos de nós processamos a informação que lemos.

O fato de lermos cada vez mais em telas, em vez de papel, e a prática cada vez mais comum de apenas passar os olhos superficialmente em múltiplos textos e postagens *on-line*, podem estar dilapidando nossa capacidade de entender argumentos complexos, de fazer uma análise crítica do que lemos e até mesmo de criar empatia por pontos de vista diferentes do nosso.

Por tudo que foi citado, pode-se concluir que, não se deve apenas ler, tanto na forma digital, quanto na impressa. Não se pode desprezar a enorme quantidade de informações didáticas úteis, disponível na Internet. Ou seja, pode-se concluir que: deve-se ler e estudar, tanto na forma impressa, quanto na digital, nesse caso de forma mais lenta e fazendo anotações no papel.

1.5 Principais problemas que causam dificuldades na aprendizagem

Em toda sala de aula, em todo tipo de ensino, de qualquer nível, há estudantes que aprendem com mais facilidade e outros que têm alguma dificuldade. Ninguém está a salvo de tirar notas baixas vez ou outra. Mas o que fazer quando os problemas são persistentes? Há quem fique anos sem conseguir se adaptar ao ritmo das turmas ou mesmo aprender o básico, ler e escrever. Pais e professores são os primeiros a perceber sinais de que algo não vai bem. Porém, nem sempre conseguem identificar as causas do problema. Em geral, os professores não são preparados para perceber o que impede o aprendizado dos alunos, sendo necessária a avaliação de psicopedagogos, fonoaudiólogos, neuropsicólogos, neurologistas, psiquiatras, entre outros. As dificuldades no aprendizado também podem decorrer de falhas no método de ensino e no ambiente escolar. Também podem pesar fatores relacionados à vida familiar e a condições psicológicas da criança, do adolescente e do adulto.

Em maio de 2014, pesquisadores americanos do centro de estudos médicos *Penn Medicine*, concluíram que, a partir da puberdade, meninos e meninas amadurecem de forma diferente. Ou seja, além das várias mudanças no corpo, também ocorrem várias transformações no cérebro. A pesquisa concluiu que, o fluxo sanguíneo cerebral, que é igual para meninos e meninos mais novos, muda drasticamente a partir do início da adolescência, aumentando nas moças e caindo bastante nos rapazes. A equipe do *Penn Medicine* analisou imagens de ressonância magnética, do cérebro, de 922 pessoas, entre 8 e 22 anos de idade. (Jornal O GLOBO de 27/05/14, Caderno Sociedade, página 23, reportagem de Marina Cohen). Deve ser citado que, aceita-se que, no Brasil, a puberdade começa por volta dos 12/13 anos, sendo que as meninas são um pouco precoce em relação aos meninos. O que esta pesquisa tem a ver com dificuldades de aprendizagem?

Nesta faixa etária, normalmente, o jovem está no 7º/8º ano do Ensino Fundamental, que é a série que há décadas professores reclamam de vários problemas, principalmente quanto à indisciplina em sala de aula, em especial de alguns meninos. Esta indisciplina acaba por atrapalhar o processo ensino/aprendizagem, já que frequentemente o professor tem que parar a aula para advertir o aluno indisciplinado, atrapalhando o processo, principalmente para alguns alunos que têm mais dificuldades de aprendizagem, o que também é absolutamente normal.

Em síntese, essa pesquisa veio comprovar o que professores do Ensino Fundamental sabem há muito tempo: especialmente nesta faixa etária, moças e rapazes têm comportamentos diferentes, com alguns rapazes mostrando um comportamento mais indisciplinado, algumas vezes chegando a níveis de muito estresse (e até agressões) entre professores e alunos. Só quem trabalha/ou com o 7º/8º ano, sabe o que é isso! (O autor trabalhou por 13 anos seguidos, no Cap/Uerj, com turmas do 8º ano).

Independentemente da conclusão dessa pesquisa, sabe-se que o processo ensino/aprendizagem é (e sempre foi) complexo, exigindo muita atenção e preparo dos professores. Pesquisas mostram que entre 3% a 5% das crianças em idade escolar apresentam problemas que causam a chamada dificuldade de aprendizagem, que tanto atormenta professores, alunos e as famílias. Considera-se que uma criança tenha distúrbio de aprendizagem quando: a) Não apresenta um desempenho compatível com sua idade, quando lhe são fornecidas experiências de aprendizagem apropriadas; b) Apresenta discrepância entre seu desempenho e sua habilidade intelectual em uma ou mais das seguintes áreas: expressão oral e escrita, compreensão de ordens orais, habilidades de leitura e compreensão e cálculo e raciocínio matemático.

Além disto, para que a criança possa ser incluída neste grupo, ela deverá: a) Apresentar problemas de aprendizagem em uma ou mais áreas; b) Apresentar uma discrepância significativa entre seu potencial e seu desempenho real; c) Apresentar um desempenho irregular, isto é, a criança tem desempenho satisfatório e insatisfatório alternadamente, no mesmo tipo de tarefa; d) O problema de aprendizagem não ser devido a deficiências visuais, auditivas, nem a carências ambientais ou culturais, nem problemas emocionais.

1.5.1 Dislexia, discalculia, disgrafia, disfonia, dislalia, disortografia, dispraxia, TDAH e TDA

Baseando-se em diversas referências científicas, especialmente da área da Psicopedagogia, são citados a seguir os principais problemas, que causam dificuldades na aprendizagem. Antes de resumir o que significa cada um destes problemas, é muito importante ressalvar que, não cabe ao professor "diagnosticar" e "rotular" alunos com estes problemas. O diagnóstico tem que ser feito por profissionais, especializados nesses problemas. O que o professor pode, e deve fazer, é, ao notar algo "anormal" no comportamento do aluno, informar ao apoio psicopedagógico da escola, que faz uma primeira análise e comunica à família, recomendando um encaminhamento médico/psicológico. Observa-se que, a maioria desses problemas continua na fase adulta, porém não impedindo o aprendizado.

Uma observação importante é quanto ao ensino a distância – EaD, onde fica difícil, seja qual for o nível do curso, perceber as dificuldades na aprendizagem, uma vez que, só durante as aulas presenciais haverá um contato físico e visual entre aluno e professor. Mesmo assim fica difícil, uma vez que, especialmente no nível superior, raramente os professores que atuam com EaD têm formação pedagógica e, mais raro ainda, têm treinamento ou percepção para detectar os problemas na aprendizagem.

Dislexia é uma dificuldade na área da leitura, escrita e soletração, que pode também ser acompanhada de outras dificuldades, como, por exemplo, na distinção entre esquerda e direita, na percepção de dimensões (distâncias, espaços, tamanhos, valores), na realização de operações aritméticas (a discalculia) e no funcionamento da memória de curta duração. Costuma ser identificada nas salas de aula já durante a alfabetização, sendo comum provocar uma defasagem inicial de aprendizado. Ela permanece no adulto, não impedindo a aprendizagem.

Disgrafia é uma deficiência na habilidade para escrever primeiramente em termos de caligrafia, mas também em termos de coerência. É definida como uma desordem neurológica específica que afeta a habilidade de uma pessoa de compreender e manipular números. Para ser classificada como Discalculia, a mesma não pode ser causada por problemas na visão e/ou audição.

Disfonia é uma expressão médica que significa alteração na produção da voz. Nestas situações, a voz produzida não é harmônica, é obtida com esforço e sem a possibilidade de variações de seus atributos, vulgarmente referido como rouquidão.

Dislalia é um distúrbio da fala, caracterizado pela dificuldade em articular as palavras. Basicamente consiste na má pronúncia das palavras, seja omitindo ou acrescentando fonemas, trocando um fonema por outro ou ainda distorcendo-os ordenadamente. A falha na emissão das palavras pode ainda ocorrer em fonemas ou sílabas. Assim sendo, os sintomas da Dislalia consistem em omissão, substituição ou deformação dos fonemas. Um caso clássico característico de um portador de Dislalia é o personagem Cebolinha da Turma da Mônica, do brilhante autor brasileiro, Maurício de Souza (com 86 anos de idade no início de 2022).

Disortografia é a dificuldade do aprendizado e do desenvolvimento da habilidade da linguagem escrita. Esta dificuldade pode ocorrer associada ou não a dificuldade de leitura, isto é, a Dislexia. Considera-se que 90% das Disortografias têm como causa um atraso de linguagem, que são consideradas Disortografias verdadeiras. Os 10% restantes têm como causa uma disfunção neurofisiológica.

Dispraxia é uma disfunção motora neurológica que impede o cérebro de desempenhar os movimentos corretamente. É conhecida vulgarmente como "síndrome do desastrado". Seus sintomas são a falta de coordenação motora, falta de percepção de três dimensões e equilíbrio. A criança Dispráxica tem uma falta de organização do movimento. É possível confundir-se, às vezes, com a debilidade motora, pelo qual é necessário um bom diagnóstico. Na Dispraxia não há lesão neurológica. Em alguns casos a linguagem não é afetada, a criança com este problema apresenta fracasso escolar, pois a escrita é a área mais comprometida. Crianças com Dispraxia podem aprender a digitar com destreza e rapidez, assim, com o uso do computador, o fracasso escolar pode ser superado, considerando que a parte cognitiva não é afetada.

TDAH e **TDA** são problemas, muito citado na literatura e, infelizmente, motivo de muita confusão entre professores, alunos e famílias. É o chamado Transtorno do Déficit de Atenção com Hiperatividade (TDAH) ou sem Hiperatividade (TDA). Não são definidos, necessariamente, como transtornos de aprendizagem, mas, por afetar a atenção e concentração, aspectos essenciais para os estudos, geralmente causam dificuldades na aprendizagem. Além disso, é comum a coexistência dos dois distúrbios. Diversos especialistas citam que, há grande diferença entre uma pessoa com algum grau de agitação e uma desatenta e hiperativa. A criança com esses transtornos tem sintomas persistentes em diversos ambientes, na escola, com a família e os amigos. Está praticamente todo tempo em movimento e sofre para se focar em apenas uma atividade. O autor deste livro, após muitos anos trabalhando com alunos do Ensino Fundamental, já teve contato com alguns alunos diagnosticados com TDAH e TDA, sendo que em todos se notou um excelente nível de inteligência.

Tanto as pesquisas, quanto as práticas em sala de aula mostram que, nenhuma criança com dificuldades de aprender ou distúrbios tem inteligência abaixo do normal. Elas precisam apenas de outras estratégias e, muitas vezes, de atendimento especializado para avançar nos estudos. Uma coisa importante e preocupante é que, existe uma tendência para que os problemas de dificuldades na aprendizagem permaneçam na fase adulta. Sem condições de entrar em detalhes, que ultrapassam os objetivos desse livro, sabe-se que algumas dificuldades na aprendizagem podem ser reduzidas e até eliminadas. Certamente, estas também são algumas causas, tanto da evasão, quanto das dificuldades na aprendizagem em cursos de Educação a Distancia – EaD, para adultos.

1.6 Deficiência intelectual

Na deficiência intelectual a pessoa apresenta um atraso no seu desenvolvimento cognitivo, dificuldades para aprender e realizar tarefas do dia a dia e interagir com o meio em que vive. Ou seja, existe um comprometimento cognitivo, que acontece antes dos 18 anos, e que prejudica suas habilidades adaptativas, com sérias dificuldades para o convívio e aprendizagem escolar.

Alunos com deficiência intelectual ou cognitiva costumam apresentar dificuldades para resolver problemas, compreender ideias abstratas, estabelecer relações sociais, compreender e obedecer a regras, e realizar atividades cotidianas, como, por exemplo, as ações de autocuidado, especialmente de higiene pessoal.

A capacidade de argumentação desses alunos também pode ser afetada e precisa ser devidamente estimulada para facilitar o processo de inclusão e fazer com que a pessoa adquira independência em suas relações com o mundo.

As causas são variadas e complexas, sendo a genética a mais comum, assim como as complicações perinatais, a má-formação fetal ou problemas durante a gravidez. A desnutrição severa e o envenenamento por metais pesados durante a infância também podem acarretar problemas graves para o desenvolvimento intelectual.

Em 2022, estimava-se que 87% das crianças brasileiras com algum tipo de deficiência intelectual tinham mais dificuldades na aprendizagem escolar e na aquisição de novas competências, se comparadas a crianças sem deficiência. Apesar de tudo, é possível que a grande maioria alcance certa independência ao longo do seu desenvolvimento. Apenas os 13% restantes, com comprometimentos mais severos, vão depender de atendimento especial por toda a vida.

Em geral, a deficiência intelectual traz mais dificuldades para que a criança interprete conteúdos abstratos, exigindo estratégias diferenciadas por parte do professor, que deve diversificar os modos de exposição nas aulas, relacionando os conteúdos curriculares a situações do cotidiano, e mostrando exemplos concretos para ilustrar ideias mais complexas.

Um bom e atencioso professor é capaz de identificar rapidamente o que o aluno não é capaz de fazer. O melhor caminho para se trabalhar, no entanto, é identificar as competências e habilidades que a criança tem. Não é recomendável atividades paralelas com conteúdos mais simples ou diferentes, pois não caracteriza a inclusão. É preciso redimensionar o conteúdo com relação às formas de exposição, flexibilizar o tempo para a realização das atividades e usar estratégias diversificadas, buscando a ajuda dos colegas da turma, o que também contribui para a integração e para a socialização do aluno.

É importante a mediação do adulto, tanto professor, quanto responsáveis, no que diz respeito à organização da rotina. Deve-se falar, previamente, para o aluno com deficiência intelectual, o que será necessário para realizar determinada tarefa e quais etapas devem ser seguidas.

1.7 Autismo virtual e aprendizagem. A nomofobia

O Transtorno do Espectro do Autismo (TEA), conforme denominado pela Associação Americana de Psiquiatria, é um transtorno neurológico caracterizado por comprometimento da interação social, comunicação verbal e não verbal e comportamento restrito e repetitivo. Os sinais geralmente desenvolvem-se gradualmente, mas algumas crianças com autismo alcançam o marco de desenvolvimento em um ritmo normal e depois regridem.

Sabe-se que a genética tem forte potencial no desenvolvimento do autismo. Embora fatores ambientais também sejam responsáveis, sabe-se que cerca de 40% dos diagnósticos de autismo têm origem genética. Também se sabe que o autismo tem várias causas.

Estudos clínicos de 2017 constataram que muitas crianças pequenas que passam muito tempo em frente a uma tela de TV, videogames, *tablets*, celulares e computadores, têm sintomas de "autismo" (não necessariamente são autistas). Pesquisas mostraram que, quando as crianças são afastadas dessas coisas, por alguns meses, os sintomas desaparecem. O termo para este fenômeno é "autismo virtual" ou autismo induzido por telas eletrônicas. Esse termo foi cunhado, em 2019, pelo psicólogo clínico romeno Dr. Marius Zamfir.

Segundo a instituição americana *Centro para o Controle de Doenças* (*Center for Disease Control*), cada vez mais aumentam os diagnósticos de autismo nos EUA, conforme as informações a seguir:

- Em 1975, uma em 5.000 crianças foi diagnosticada com autismo.
- Em 2005, uma em 500 crianças.
- Em 2014, uma em 68 crianças.
- Em 2017, uma em 45 crianças.

Ou seja, em 2017, uma criança tinha cerca de 100 vezes mais probabilidades de ser diagnosticada com autismo do que crianças em 1975. O que aconteceu nesse intervalo de 42 anos?

Pesquisas realizadas por psiquiatras francesas, publicadas em 2019, descobriram que algumas crianças, entre as idades de zero a quatro anos, diagnosticadas com autismo, se beneficiaram, ao ser eliminada a sua exposição às telas eletrônicas.

As crianças aprendem o significado das palavras através da interação social, jogando com objetos reais e fazendo com que alguém as olhe e converse com elas. Uma criança aprende sobre o mundo manipulando um brinquedo com as mãos, sentindo com a boca e jogando o brinquedo no chão. O cérebro da criança registra as conexões e não pode se desenvolver sem essa sensação de toque e interação. A luz e o ruído das telas eletrônicas captam a atenção de uma criança, mas não levam a um desenvolvimento saudável do cérebro.

As telas são tão fascinantes que é difícil para a criança se voltar para outra coisa. Ela fica distraída e viciada pela tela, que também isola a criança de interações humanas que são necessárias para habilidades de comunicação e desenvolvimento da linguagem.

A psiquiatria americana recomenda que as crianças menores de dois anos não estejam expostas às telas e que as crianças mais velhas sejam limitadas a duas horas por dia.

Um estudo de caso francês mostrou um pai que apresentava sintomas semelhantes a Asperger em sua própria infância "tratou" o seu filho severamente autista com dois anos e meio de idade, removendo telas (que ele ficava a observar quatro a seis horas por dia). O menino se recuperou completamente.

Sabe-se que, cada vez mais, remover as telas da vida de uma criança pequena não é uma tarefa fácil para os pais. A criança terá crises de raiva e o resto da família será incomodado, por exemplo, com a televisão desligada. Os pais podem precisar de apoio para essa mudança de estilo de vida, podendo recorrer ao apoio de um terapeuta ou assistente social com conhecimento do desenvolvimento infantil.

Estudo publicado, em 2019, na *JAMA Pediatrics* (*Journal of the American Medical Association*), realizados por pesquisadores do Hospital Infantil de Cincinatti, mostrou que há uma diminuição de massa encefálica branca nas crianças que ficam mais de duas horas ao dia em frente às telas. A substância branca do cérebro atua principalmente no auxílio do processamento e organização do pensamento. A substância branca é responsável por muitas funções, mas talvez a principal seja a passagem de mensagens e informações por diferentes áreas da substância cinzenta (que contém o corpo celular do neurônio). A substância branca é como se fosse cabos, com linhas telefônicas que conectam muitas partes do cérebro para que elas possam ter comunicação. Essas faixas são responsáveis pela linguagem e alfabetização, que foram relativamente subdesenvolvidas em crianças com maior tempo de exposição aos celulares, *tablets* e outros meios eletrônicos.

1.7.1 Nomofobia ou dependência digital e distúrbio do jogo. Cansaço visual

O termo *nomo*, em latim, pode ser traduzido como hábito. Nomofobia é um transtorno que surgiu a partir da junção da expressão *no mobile* (sem meios móveis) com a palavra *fobos, que significa fobia ou medo.* **Nomofobia é** o medo ou fobia irracional de estar sem celular ou aparelhos eletrônicos, em geral. Está relacionada ao vício em tecnologias como computadores, *smartphones* e videogames. Quanto maior a dependência digital, maior a fobia. A nomofobia já é considerada pela Organização Mundial de Saúde – OMS, como uma doença, surgida pelas mudanças e avanços tecnológicos da sociedade.

As novas tecnologias tornaram a comunicação entre indivíduos muito fácil, bastando o aperto de um ou dois botões. A facilidade de comunicação com outras pessoas e, ao mesmo tempo, de estar ao alcance delas traz inúmeras consequências, tanto positivas quanto negativas.

Desde o avanço da telefonia móvel, o celular se converteu em um aparato praticamente indispensável na vida das pessoas. Em 2021, no Brasil, existiam mais linhas telefônicas celulares, do que a população de cerca de 212 milhões de pessoas. No Brasil, o acesso à tecnologia móvel avançava mais rápido do que a universalização do saneamento básico (tratamento de água e esgoto).

Um estudo feito na Universidade Técnica de Ambato, no Equador, concluiu que a nomofobia afeta significantemente o processo de ensino aprendizagem da população pesquisada. O trabalho concluiu que os estudantes sentem ansiedade e medo quando não estão com seus celulares e observam frequentemente seus aparelhos durante a aula, ansiosos por mensagens. Isso, obviamente, atrapalha o aprendizado.

Outro estudo, também na cidade de Ambato, constatou a incidência da nomofobia nas relações sócio-afetivas de jovens entre 17 e 21 anos, concluindo que a maior porcentagem desses jovens considera o celular uma necessidade básica para se relacionarem, deixando de lado as relações pessoais. Constatou também que o apego ao celular chega a ser maior do que o apego pelos familiares, tornando assim mais comuns os problemas com a família e de comunicação, já que os pais passam muito tempo trabalhando enquanto os filhos ficam sozinhos dedicando o tempo à tecnologia e não ao estudo. Em 2021, estimava-se que, no Brasil, 10% da população sofriam com esse mal. Os usuários vão se distraindo pelas facilidades que os aparelhos celulares têm e vão esquecendo como controlar o tempo gasto nas redes sociais.

Em 18 de junho de 2018, foi feito o reconhecimento do "distúrbio de jogo" no Código Internacional de Doenças, o chamado CID, que estava em sua décima primeira versão. Esse distúrbio é caracterizado por um padrão de comportamento persistente ou recorrente de jogos (jogos digitais ou videogames), que podem ser *on-line* (ou seja, pela Internet) ou *off-line*.

Há vários critérios para identificar esse problema. O foco para a psiquiatria é que através dessa frente os especialistas estão cada vez mais empenhados em dar foco ao problema mais geral que é a chamada nomofobia. O "distúrbio de jogo" é apenas uma faceta da questão.

Passar horas em frente ao computador, por diversão, trabalho ou estudo, também pode prejudicar a saúde dos olhos. Dores de cabeça, olhos vermelhos e secos e dificuldade em conseguir foco, são alguns sintomas da "Síndrome da Visão do Computador". A medicina cita que isso ocorre, em geral com pessoas que ficam na frente do computador mais de três horas por dia. Está é uma reação natural dos olhos à tensão a que são submetidos, já que o usuário precisa forçá-los constantemente para conseguir foco e enxergar imagens a partir dos chamados *pixels*. Fatores ambientais também interferem na visão. O ar condicionado forte e a luz inadequada podem interferir na lubrificação dos olhos, deixando-os mais secos, provocando o incômodo.

Médicos dizem que esses sintomas não aparecem apenas com o uso prolongado do computador. Todas as atividades que exigem mais concentração como: ler um livro, jogar vídeo game ou assistir televisão, quando praticadas por um longo tempo provocam desconforto visual. Recomenda-se que, a cada 50 minutos no computador, se descanse ao menos cinco minutos. Piscar mais, mesmo que voluntariamente, é indicado para ajudar na lubrificação dos olhos.

Há alguns anos, a Universidade de Harvard, publicou um artigo, onde citava que, quando se lê em tela, em verdade, o nosso cérebro vê *pixels*, ao invés de letras, como na leitura impressa. Segundo o artigo, para transformar os *pixels* das letras da tela em letras "normais", nosso cérebro consome o dobro de tempo e energia, comparativamente quando se lê no papel. Com isso, ocorre uma reação natural do corpo, "afastando" a pessoa daquela situação. O estudo sugere que, com isso, lê-se menos e com menos profundidade, levando a pessoa a sair daquela leitura e buscar coisa mais agradável. Isso explica porque é comum, especialmente, os mais jovens, ao estudar em tela, frequentemente mudarem de tela, indo para páginas mais "interessantes". Com isso perde-se o foco, prejudicando o aprendizado.

Em abril de 2019, a Organização Mundial de Saúde – OMS divulgou um estudo recomendando o tempo máximo que crianças devem ficar sedentárias ou sentadas, em frente a telas como: TV, *tablets*, celulares e computadores.

- Crianças abaixo de um ano de idade, não devem ter contato com telas.
- Crianças entre dois e quatro anos, o tempo máximo deve ser de uma hora.
- Crianças entre os seis e 12 anos de idade, deveriam ficar no máximo duas horas por dia, em contato com telas.

E quanto aos adultos? Só o tempo estritamente necessário. Quanto menos, melhor.

Capítulo 2

Didática, Pedagogia, Andragogia, Antropogogia e Heutagogia. "Outras Pedagogias". A Educação a Distância – EaD.

2.1 Didática

A palavra didática vem da expressão grega *techné didaktiké*, que pode ser traduzida como arte ou técnica de ensinar. A Didática é a parte da Pedagogia que se ocupa dos métodos e técnicas de ensino, destinados a colocar em prática as diretrizes da teoria pedagógica. A didática estuda os diferentes processos de ensino e aprendizagem. O educador Jan Amos Komenský (1592-1670), mais conhecido por Comenius, é considerado como o pai da Didática moderna. Comenius nasceu no território da atual república Checa, na Europa.

Didática é um ramo da Pedagogia que tem como objetivo ensinar métodos e técnicas que possibilitem a aprendizagem do aluno por parte do professor ou instrutor. É uma disciplina prática, ainda que tenha como base as teorias pedagógicas que analisam os métodos mais convenientes a aplicar-se. A Didática concretiza esses métodos em situações específicas escolhendo os melhores caminhos em cada caso para chegar a uma determinada meta. Uma lousa, um cavalete, um retroprojetor, um *data show*, um *tablet* e um livro impresso ou digital, são exemplos de recursos didáticos. Métodos pedagógicos são modelos teóricos (no campo da Filosofia da Educação) que norteiam a criação de currículos escolares e a elaboração dos planos de aula. Eles abrangem desde a forma como o conteúdo escolar é passado até como os professores devem se relacionar com os alunos. Cognitivismo e construtivismo são exemplos de métodos ou teorias pedagógicas, detalhadas no capítulo 3.

Didática também significa ensinar, informar e instruir o aluno com técnicas de explicação (recursos didáticos) para melhorar a formação do mesmo, nos âmbitos dos estudos propostos. A Didática procura a reflexão e a análise do processo de ensino e aprendizagem e da docência como um todo. Junto com a Pedagogia, a Didática busca a explicação e a melhoria permanente da Educação e dos fatos ligados à mesma.

2.2 Pedagogia

Esta bela palavra, pode ser entendida como a ciência da educação e a arte de ensinar. A palavra Pedagogia tem origem na Grécia antiga, onde em grego *paidós* significa criança e *agogé* condução. Pedagogos eram os adultos (normalmente escravos brancos) que conduziam as crianças para a "escola". Observa-se que na época, escola, não era propriamente um espaço físico fechado, mas sim um local onde um filósofo passava ensinamentos às crianças, oriundas das famílias abastadas. Era normal "aulas" ao ar livre, debaixo de árvores.

Atualmente, denomina-se pedagogo o profissional cuja formação é a Pedagogia, que no Brasil é uma graduação da categoria Licenciatura, para lecionar na Educação Infantil ou nos primeiros anos do ensino fundamental, ou seja, do 1^0 ao 5^0 ano ou para atuar na gestão escolar (administração escolar, orientação pedagógica e coordenação educacional), bem como atuar com a docência em cursos de nível médio de formação de professores (antigo curso Normal).

2.3 Andragogia ou Antropogogia?

O termo Andragogia, relacionado a adultos masculinos (andro), foi proposto originalmente por Alexander Kapp (1799-1869), professor alemão, em 1833, caiu em desuso e reapareceu em 1921, no relatório de Eugen Rosenstok Huessy (1888-1973), sinalizando que a educação de adulto requer professores, métodos e filosofia diferenciados, em relação à educação de crianças e jovens. Eduard Linderman (1885-1953), em 1927, adotou o termo de Rosenstock e usou-o nos Estados Unidos. O vocábulo Andragogia foi utilizado amplamente, desde a década de 1960, na França, antiga Iugoslávia e Holanda para se referir à disciplina que estuda o processo da instrução de adulto ou a ciência da educação de adulto. A Andragogia, enquanto teoria ou sistema de ideias, de conceitos e de aproximações com a aprendizagem do adulto foi introduzida em 1970, e muito difundida, nos Estados Unidos por Malcolm Shepherd Knowles (1913-1997). Indiscutivelmente, seus postulados consistem em uma importante referência que se tem sobre o assunto de tal forma que, para muitos, o termo Andragogia e o nome Knowles tornaram-se intrinsecamente ligados.

A Andragogia refere-se à educação de adultos, em oposição à Pedagogia que, na prática, se refere à educação de crianças e jovens. A Pedagogia refere-se à aprendizagem centrada no professor, enquanto na Andragogia é centrada no aprendiz, ou melhor, aluno. Os termos subentendem que crianças e jovens devem ser conduzidos (*agogé*) para aprender, enquanto adultos podem até aprender sozinhos (se quiserem).

> Andragogia é a arte ou ciência de orientar adultos a aprender (definição creditada a Malcolm Knowles, anos 1970). O termo remete a um conceito de educação voltado para o adulto, em contraposição à Pedagogia, que se refere à educação de crianças (do grego *paidós* = criança). Para educadores como, o suiço Pierre Fourter (com 81

> anos em 2022), a Andragogia é um conceito amplo de educação do ser humano, em qualquer idade. A UNESCO, por sua vez, já utilizou o termo para referir-se à educação continuada. (www.wikipedia.org).
>
> A Andragogia significa, portanto, "ensino para adultos". Um caminho educacional que busca compreender o adulto desde todos os componentes humanos, e decidir como um ente psicológico, biológico e social. Busca promover o aprendizado através da experiência, fazendo com que a vivência estimule e transforme o conteúdo, impulsionando a assimilação. O adulto, após absorver e digerir, aplica. É o aprender através do fazer, o "aprender fazendo". (www.andragogia.com.br)

Linderman, em 1926, pesquisando as melhores formas de educar adultos para a "*American Association for Adult Education*", percebeu algumas impropriedades nos métodos utilizados e escreveu:

> Nosso sistema acadêmico se desenvolveu numa ordem inversa: assuntos e professores são os pontos de partida, e os alunos são secundários. O aluno é solicitado a se ajustar a um currículo preeestabelecido. Grande parte do aprendizado consiste na transferência passiva para o estudante da experiência e conhecimento de outrem. N*ós aprendemos aquilo que nós fazemos. A experiência é o livro*-texto vivo do adulto aprendiz.

Malcoln Knowles baseou-se nos estudos de Linderman e desenvolveu modelos para a educação de adultos. Sabe-se que estudantes adultos retêm apenas 10% do que ouvem, após 72 horas (três dias). Entretanto serão capazes de lembrar 85% do que ouvem, vêm e fazem, após o prazo de três dias. Ou seja, não basta apenas ouvir: têm que praticar. As informações mais lembradas são aquelas recebidas nos primeiros 15 minutos de uma aula ou palestra presencial. É por isso que é importante um intervalo ou pausa em aulas, sejam presenciais ou remotas. Além de cansativas, longas aulas não são produtivas.

As formas de ensino e aprendizagem devem ser diferentes entre crianças e jovens, e adultos, principalmente em treinamentos de funcionários adultos de empresas. A Andragogia tem que privilegiar a prática, ou melhor, tem que ir do concreto para o abstrato. Lembra-se mais e aprende-se mais, aquilo que se faz. Adultos procuram uma aprendizagem ao perceberem sua utilidade para seus problemas reais de sua vida pessoal e profissional.

Tente decorar a receita de um bolo. Por mais que você leia e decore, uma hora irá esquecer. Agora, além de ler, faça o bolo seguindo a receita. Provavelmente não esquecerá. Baseando-se em DeAquino (2007, p.12), pode-se analisar as principais diferenças entre Pedagogia e Andragogia, conforme detalhado no quadro 2.1.

Pedagogia ou aprendizagem centrada no professor (para crianças e jovens)	**Andragogia ou aprendizagem centrada no aprendiz ou aluno adulto**
Os aprendizes dependem do professor. O mestre na posição clássica (na frente da turma) e todos sentados, uns atrás dos outros. Normalmente aulas teóricas, indo do abstrato para o concreto. Se aplica bem a crianças e jovens.	Os aprendizes são independentes (adultos) e autodirecionados. O mestre é um facilitador, normalmente em pé, em uma bancada ou todos em círculos. Normalmente são aulas práticas, indo do concreto para o abstrato.

A motivação para o aprendizado é extrínseca, ou seja, de fora. O mestre promove recompensas (pontos extras, por exemplo) e competições, com grupos de alunos sendo comparados entre si.	A motivação para o aprendizado é intrínseca, ou seja, de dentro. Os aprendizes, por praticarem, sentem satisfação e prazer no ato de aprender. Em verdade eles aprendem a aprender.
A aprendizagem é caracterizada pela transmissão de conhecimento, ou melhor, de informação. O mestre sabe e fala, os alunos ouvem.	A aprendizagem é caracterizada pela experimentação, ou seja, aulas práticas. O conhecimento é construído em conjunto: mestre x aprendiz. As aulas devem ser: multi, inter e transdisciplinares.
O ambiente de aprendizagem é formal e clássico. Salas fechadas (com o vidro na porta, para o inspetor ver a todos). Valoriza-se a disciplina, e não a participação.	O ambiente de aprendizagem é mais informal, havendo a participação e cooperação dos aprendizes.
O planejamento das aulas e as avaliações são conduzidas pelo professor. Os alunos são promovidos (passam de ano), segundo provas, testes e trabalhos bem definidos, com atribuição de notas.	Embora planejadas as aulas são práticas, normalmente conduzidas pelos aprendizes. As avaliações são conceituais. Normalmente não se atribuem notas, mas sim conceitos.

Quadro 2.1: comparação entre Pedagogia e Andragogia

As metodologias para a Andragogia, ou seja, educação de adultos foram propostas há mais de 100 anos. Neste intervalo de tempo o mundo mudou completamente, principalmente no que se refere aos recursos tecnológicos. Será que as novas tecnologias de informação têm influenciado as formas de educação e aprendizagem? Será que a Educação na forma digital ou com aulas remotas ou cursos completos a distância é melhor para adultos?

Segundo a saudosa professora e mestre em Neurolinguística, Lúcia de Biase Bidart, existe o termo Antropogogia que, do ponto de vista semântico, se aplica melhor à educação de adultos do que a Andragogia. Enquanto o prefixo Andro refere-se ao homem, no sentido de masculino, o prefixo Antropo refere-se a todos os seres humanos, ou seja, homens e mulheres, nos diversos gêneros. Segundo a professora, seria mais correto falar em Antropogogia, do que em Andragogia, quando se fala da educação de adultos.

2.4 Heutagogia: a base conceitual da Educação a Distância – EAD, para adultos

A heutagogia (do grego: *heuta* = auto + *agogus* = guiar) propõe um processo educacional no qual o estudante é o único responsável pela aprendizagem, sendo um modelo alinhado à tecnologia da informação e comunicação e às inovações de *e-learning* ou aprendizagem digital. É um tipo de aprendizagem autodirecionada em que o aluno é o gestor e programador de seu próprio processo de aprendizagem através do autodidatismo, autodisciplina e auto-organização.

Foi no ano 2000 que, os professores australianos Stewart Hase e Kenyon, C. criaram o termo Heutagogia, onde no processo de aprendizagem o aprendiz ou aluno está sozinho, ou seja, não existe a figura presente em sala de aula do professor ou facilitador. Esta abordagem, por exemplo, é obtida através da Internet, aplicações multimídias e os ambientes virtuais. Esta abordagem pode ser definida como aprendizagem eletrônica ou *e-learning*. (DeAQUINO, 2007, p.12).

Embora o termo Heutagogia tenha sido proposto há relativamente poucos anos, o conceito de aprendizagem sem a presença do professor é praticado há mais de 100 anos, principalmente através dos cursos por correspondência e desde a década de 1970, no Brasil, via televisão. O ensino a distância surgiu da necessidade do preparo profissional e cultural de milhões de pessoas que, por vários motivos, não podiam frequentar as escolas regulares. A primeira barreira, que dificulta o acesso direto do aluno à escola, nos países de grande extensão territorial (como o Brasil), são as distâncias, pois nem todos podem dispor de uma escola perto de suas casas. O tempo é outro problema sério, pois é difícil combinar o período de trabalho, principalmente o trabalho agrícola, com o horário fixo das escolas convencionais. Também, nem sempre os cursos oferecidos atendem às necessidades profissionais de cada um.

Para transpor todos esses obstáculos, e levar diretamente o estudo até o aluno, na sua própria casa, nasce o Ensino a Distância – EAD, que utilizando o correio (e agora com o apoio da Internet), inaugura uma nova era na arte de ensinar. A primeira escola por correspondência surgiu na Alemanha em 1890. A seguir, inúmeros países adotaram o ensino a distância como uma opção a mais para ministrar cursos em nível médio, técnico, universitário e, de pós-graduação. A lnglaterra foi o primeiro país a instituir a "Universidade Aberta", verdadeiro marco de vanguarda no ensino superior a distância.

Stewart Hase desenvolveu o conceito da Heutagogia, no sentido de ser mais um refinamento que um substituto da Andragogia. Para desenvolver o conceito, Hase apontou como foco central a aprendizagem autodirigida (ou autodeterminada), já levantada por Knowles como característica da aprendizagem de adultos. Atualmente, em tempos de grande acesso à informação, como jamais experimentado em nossa história, a Heutagogia não trata diretamente da relação ensino aprendizagem para justamente levar mais a fundo a discussão quanto à aprendizagem. A questão está no desenvolvimento individual. Como aprender a aprender? A proposta é que conteúdos e modelos de oferta sejam pensados (desenhados) visando a habilidade de aprender o processo de adquirir conhecimento.

A Heutagogia está diretamente relacionada com a tecnologia da informação e comunicação (TIC) e às inovações proporcionadas pelo *e-learning* ou Ensino a Distância. Em 2022, as principais fontes tecnológicas para adquirir informação eram:

Satélite – Via transmissão de teleaulas com sinal digital;
Videoaulas – Aulas pré-formatadas para reprodução, por exemplo, via *data show*;
Impressos – Livros e apostilas didáticas, bem como exercícios;
Internet – Uso de ambientes virtuais de aprendizagem;
Vídeo-conferência – Aulas e atividades interativas;
Telefonia – Via monitoria e tutoria;

Realidade Virtual – Uso de aplicativos (inclusive educacionais), com óculos específicos e Realidade Aumentada, com as primeiras aplicações, com óculos, na EaD, em 2018.

A Heutagogia também pode ser entendida como autodidatismo, ou seja, a pessoa aprende sozinha, por exemplo, na frente da tela de um computador. Várias perguntas surgem:

Será que todas as pessoas são autoditadas, ou seja, podem aprender sozinhas? Como fica o convívio social entre alunos quando se está sozinho? Como devem ser elaboradas as aulas? Qual a importância da presença física do professor junto aos alunos?

2.5 Pedagogia Empresarial

Pode ser definida como relacionada à aprendizagem das empresas e seus funcionários ou capital intelectual. A proposta da Pedagogia Empresarial é ajudar as empresas a "aprender a aprender", isto dentro do contexto da educação continuada, ou seja, para um mundo em constante mudança. O saber de hoje, com certeza, estará ultrapassado em pouco tempo. O sucesso de uma empresa hoje, não lhe garante o futuro. Todos, empresa e funcionários, precisam aprender a aprender. Tudo muda, rápido e continuamente.

Até pela definição de Pedagogia e Pedagogia Empresarial, vê-se que, semanticamente, os termos não se aplicam às empresas. O correto seria Andragogia ou Antropogogia Empresarial. Se por definição, o termo Pedagogia se refere às crianças (e jovens) e como nas empresas só atuam adultos, logo parece algo incompatível. O termo Pedagogia Empresarial só se aplicaria em duas situações.

1º) Caso a educação de adultos e crianças (e jovens) pudessem ser da mesma forma, ou seja, o mesmo processo de aprendizagem. Sabemos que não são.

2º) Caso consideremos as empresas como "crianças ou jovens", ou seja, tendo muito que aprender. Neste caso poder-se-ia aceitar a nomenclatura. Embora possamos aceitar as empresas como tal, não podemos esquecer que são compostas por adultos. As formas de aprendizagem de adultos, crianças e jovens são bastante diferentes. A melhor nomenclatura é a Andragogia Empresarial. Dentro do conceito da Andragogia Empresarial, é oportuno citar a professora Carmem Maia, da PUC-SP: (www.abed.org.br, acesso em 08/12/07).

> Não é mais possível separar o momento do trabalho do momento de aprender. Trabalho e aprendizagem estão diretamente ligados e, enquanto educadores, temos de aproveitar essa realidade para utilizar o ambiente de trabalho e as atividades desenvolvidas no trabalho para otimizar a aprendizagem e a formação acadêmica de alunos/trabalhadores. No Brasil (em 2016), mais de 70% dos adultos trabalhadores não possuem formação acadêmica, mas possuem ampla experiência profissional em diversas áreas. A proposta da educação pelo trabalho é oferecer uma nova alternativa de aprendizagem para adultos tra-

balhadores, aproveitando a própria experiência desenvolvida no trabalho como conteúdo de aprendizagem.

2.6 Ecopedagogia

A palavra ecologia foi criada pelo biólogo alemão Ernest Heinrich Philipp August Haeckel (1834-1919) em 1866, como um ramo da Biologia, para designar o estudo das relações existentes entre todos os sistemas vivos e não vivos entre si e com seu meio ambiente. Foi a partir das observações de Paulo Freire, com o conceito da Pedagogia da Libertação*, que surgiu o termo Ecopedagogia, que abrange muito mais do que aquilo que conhecemos como Educação Ambiental.

*A Pedagogia da Libertação, que compreende as ideias centrais de Paulo Freire, é conhecida e pesquisada em diversas universidades ao redor do mundo. Esta Pedagogia propõe uma educação crítica a serviço da transformação social. O termo está também associado à Filosofia da Libertação, do filósofo argentino Enrique Dussel (com 88 anos de idade em 2022), para quem o processo pedagógico passa pelo ser humano, que é agente da própria libertação. Por exemplo, na Pedagogia da Libertação os alunos são alfabetizados com as palavras que usam no dia a dia, sempre associando o processo de alfabetização com a vida.

O conceito de Ecopedagogia, criado por Francisco Gutiérrez (1928-2016), pesquisador do pensamento de Paulo Freire (1921-1997) na Costa Rica, segue os princípios da "Carta da Terra", documento anunciado em março de 2000 pela Unesco. A Ecopedagogia é uma filosofia, com base no pensamento holístico, ou seja, se preocupa com o todo, ou melhor, com tudo e com todos. Segundo o professor Moacir Gadotti (com 81 anos de idade em 2022), são os seguintes os princípios da Ecopedagogia:

a. Entender o planeta Terra como uma comunidade única. Países têm fronteiras, normalmente estabelecidos após muita luta e acordos políticos. O meio ambiente não tem fronteira. Não existe ar europeu ou peixe brasileiro.

b. A Terra como mãe, é um organismo vivo e em evolução. A geologia, além de outras ciências ligadas diretamente ao clima, mostra isso. Só não vê quem não quer.

c. Uma nova consciência que sabe o que é sustentável, apropriado e faz sentido para a existência humana. Após uma breve reflexão, qualquer pessoa irá concluir que, em verdade precisa de muito pouco para viver bem e feliz. (Para quê acumular tanto?).

d. A bondade e respeito para com essa casa. O endereço dos homens é a Terra. Aqui é o "nosso lar", nós não temos condições de viver em outro planeta (pelo menos em 2022). Como diz Leonardo Boff (84 anos de idade em 2022): "tem que saber cuidar".

e. A justiça sócio-cósmica: a Terra é um grande pobre, o maior de todos os pobres. O pouco que conhecemos sobre o nosso e outros planetas e astros, mostra que somos pobres e frágeis.

f. Uma Pedagogia que promove a vida: envolver-se, comunicar-se, compartilhar, problematizar, relacionar-se e entusiasmar-se. Estar comprometido.

Estes são alguns princípios, propostos por Gadotti, ou seja, apenas um começo. Muitos outros pesquisadores apresentam outros, ou seja, é uma filosofia apenas iniciada, ou melhor, em construção. Seremos nós, em especial as crianças e jovens que, ao longo da prática dos próximos anos, iremos construir, tijolo por tijolo, esta Pedagogia, ou melhor, a ciência e a nova arte de aprender e ensinar.

Como adotar a filosofia da Ecopedagogia e ao mesmo tempo abandonar a doutrina consumista, isto em escala global, ou seja, nos mais de 200 países e Estados que existem no mundo?

2.7 Ludopedagogia

É a Pedagogia baseada no lúdico ou brincadeira, ou melhor, é o aprender e ensinar "brincando". A atividade lúdica é muito importante para o desenvolvimento sensório motor e cognitivo, desta forma, torna-se uma maneira inconsciente de se aprender, de forma prazerosa e eficaz. A Ludopedagogia não pressupõe transformar o professor em animador ou palhaço. A esse propósito, recomenda-se o livro da professora Lílian Lima: "Escola não é circo e professor não é palhaço", da Editora WAK.

A finalidade da Ludopedagogia é enfatizar a importância dos educadores terem em mente os objetivos e os fins da brincadeira desenvolvida, sua utilização lúdica, cognitiva, sociocultural, e mais, precisam saber observar as condutas dos educandos para então diagnosticar, avaliar e elaborar estratégias de trabalho, identificando, desta forma, as dificuldades e os avanços dos educandos. Este estudo está fundamentado em Lev Vygotsky (1896-1934) e Jean Piaget (1896-1980), pois, embora estes estudiosos tenham concepções diferentes de desenvolvimento, cada qual em conformidade com a sua concepção, trata da importância do brinquedo e do brincar no desenvolvimento infantil.

Friedrich Fröebel (1782-1852) foi o primeiro educador que justificou o uso do brincar no processo educativo. Ele tinha uma visão pedagógica do ato de brincar. O brincar, pelo ato de brincar desenvolve os aspectos físico, moral e cognitivo, entre outros, mas o estudioso defende, também, a necessidade da orientação do adulto, no caso professor, para que esse desenvolvimento ocorra.

Ao lidar com os objetos existentes na brincadeira e nos jogos a criança pode lidar com o significado das palavras por meio do próprio objeto concreto, e por esta ação de brincar, embora a criança não possua uma linguagem gramatical mais sofisticada, consegue internalizar a definição funcional de objetos, e passa a relacionar as palavras com algo concreto. O ato de brincar estimula o uso da memória que ao entrar em ação se amplia e organiza o material a ser lembrado.

A ação de brincar (o lúdico) é um fator importante para o desenvolvimento humano, sendo que ele a partir da situação imaginária introduz gradativamente, entre outras coisas, a criança num mundo social, cheio de regras. Desta forma surgem transformações internas no desenvolvimento da criança em consequência do brinquedo ou jogo, cujo fundamento é a criação de uma nova relação entre o campo do significado e o campo da percepção visual, ou seja, entre as situações do pensamento e as reais.

A brincadeira como atividade social específica é vivida pelas crianças, tendo por base um sistema de comunicação e interpretação do real, que vai sendo negociado pelo grupo que está brincando. Mesmo sendo uma situação imaginária, a brincadeira não pode dissociar suas regras da realidade. As unidades fundamentais da brincadeira, que permitem que ela aconteça, é o papel assumido pelas crianças, revelando sua natureza social, bem como possibilita o desenvolvimento das regras e da imaginação.

A filosofia ludopedagógica pode ser utilizada em qualquer nível de instrução, provocando um melhor aproveitamento do ensino oferecido. Quem nunca bocejou na aula de Matemática, Física, Geografia, entre outras, que chateavam (e ainda chateiam)? Estamos em pleno século XXI, na maioria das escolas temos um ensino presencial tradicionalista, metódico, onde recebemos informações sistematizadas, deixando o professor e o aluno muito distantes. Na escola "clássica" atual a única coisa boa é o intervalo, a brincadeira, os joguinhos, as paródias, as piadas. Como mudar esse quadro, e diminuir o índice de reprovação e evasão escolar? Seria possível aprender brincando? Pare e observe uma criança ou um jovem em nível escolar. Por que eles aprendem mais rápidos?

Todos devem aprender de forma que seja prazeroso, que não sejam reprimidos, ou estancados no processo ensino-aprendizagem. Não precisamos encarar a ludopedagogia como uma arte de brincar, limitados entre brincadeiras e brinquedos, mas, em uma arte de ensinar, diferenciando do tradicionalista das aulas expositivas, monótonas e improdutivas. O aluno deve ser estimulado com a criatividade do educador assumindo sua natureza de mediador do conhecimento, oferecendo pontes novas a seu educando.

Na prática, os conceitos da ludopedagogia são utilizados na Educação Infantil, ou seja, para crianças de até cinco anos de idade, mas independentemente da disciplina ministrada, do nível escolar e da idade, sempre que possível, o professor deve fazer uso do lúdico em suas aulas, sendo a Arte, em todas as suas variedades, uma boa ferramenta para tal.

Na educação superior, por exemplo, em aulas de Matemática, nada impede que o professor brinque e até conte uma piada, obviamente sem ser chulo, mal-educado, ofensivo ou preconceituoso. Alunos, de quaisquer idades, gostam de aulas alegres.

2.8 Psicopedagogia

Surgiu através da união de duas áreas importantes: a Psicologia e a Pedagogia. A primeira é a ciência relacionada aos processos mentais e comportamentos humanos, enquanto a segunda é voltada para a educação, com ênfase para o processo de ensino e aprendizagem.

É a área científica que estuda como as pessoas constroem o conhecimento. É a ciência que permite estudar a pessoa e o seu meio envolvente nas várias etapas de aprendizagem, durante a sua vida. Ou seja, busca decifrar como ocorre o processo de construção do conhecimento nos indivíduos. A Psicopedagogia se propõe a: identificar os pontos que possam, porventura, estar travando essa aprendizagem, atuar de maneira preventiva para evitá-los e, ainda, propiciar estratégias e ferramentas que possibilitem facilitar esse aprendizado. É o ramo da Psicologia que, em função de fenômenos psicológicos, observados em alunos, propõe métodos didáticos pedagógicos mais adequados.

O psicopedagogo estuda os processos de aprendizagem de crianças, adolescentes e adultos. Ele identifica as dificuldades e os transtornos que interferem na assimilação do conteúdo, fazendo uso de conhecimentos da Psicologia e da Antropologia para analisar o comportamento do aluno. O profissional especializado nesta área tem condições de sugerir intervenções em caso de dificuldades de aprendizagem e de evasão escolar. Na prática, o psicopedagogo pode atuar nas seguintes principais atividades e áreas:

- Área clínica: atendimento psicopedagógico em clínicas e consultórios, a fim de solucionar dificuldades de aprendizado. O ideal é que, neste caso, o profissional seja formado em Psicologia.

- Orientação pedagógica: atuando em escolas, analisando e resolvendo questões ligadas a currículo, métodos de ensino e abordagens pessoais. A partir das análises, tem condições de criar um plano de trabalho que facilite o aprendizado do aluno, com problema.

- Recursos humanos (RH): prestando assessoria a empresas e órgãos públicos, nos processos de aprendizagem dos funcionários. É um elemento fundamental para empresas que queiram trabalhar em ambientes de Pedagogia Empresarial.

Apesar de existir o curso superior de bacharelado em Psicopedagogia, pouquíssimas instituições oferecem essa formação. A maneira mais usual de atuar como psicopedagogo é fazer o curso superior de Pedagogia ou Psicologia e, após a conclusão do curso, optar por um mestrado (*stricto sensu*) ou pós-graduação *lato sensu* (Especialização) em Psicopedagogia.

2.9 As Pedagogias Digitais

As Pedagogias Digitais, como propostas neste livro, compreendem três tipos, conforme o nível de ensino e tipo de curso, com a seguinte classificação:

Pedagogias Digitais:

- Pedagogia Digital
(Educação formal de crianças e jovens)
- Andragogia/Antropogogia Digital
(Educação formal de adultos)
- Heutagogia Digital Ampliada
(Educação profissional/continuada de Adultos)

Segundo o entendimento do professor Abrantes, a Pedagogia Digital se aplica à Educação Básica (Ensinos Fundamental e Médio), pois é voltada para a Educação formal de crianças e jovens, enquanto as Andragogia/Antropogogia e Heutagogia se aplicam a adultos, em cursos superiores e pós-graduações. As Pedagogias Digitais são detalhadas no capítulo 4.

2.10 Projeto Pedagógico de uma escola e de um curso seja presencial ou remoto

Em qualquer atividade humana, o planejamento muito pode ajudar, inclusive nos processos educativos. Planejar é imaginar, prever ou antecipar, uma série de ações. Uma pessoa isoladamente pode até não planejar nada, mas quando existe um grupo envolvido e objetivos a serem atingidos, o planejamento ajuda bastante. Por exemplo, em qualquer escola, de qualquer lugar do mundo, inclusive as escolas não "tradicionais", como a famosa Escola da Ponte, em Portugal (veja parágrafo 3.5.2), existe o planejamento de várias atividades.

É o documento que define os passos necessários para que se cumpra, ao máximo, os propósitos delineados por uma escola. Quanto ao Projeto Pedagógico ou PP agregam-se interações com a sociedade e à comunidade local, passa a ser chamado de Projeto Político Pedagógico ou PPP.

O Projeto Pedagógico de um curso estabelece objetivos gerais e específicos, para o ensino, definindo suas linhas de atuação. Propõe metas a serem atingidas. Elabora os conteúdos curriculares (em conjunto com o corpo de professores e segundo as exigências legais), auxiliando nos planos de aula. Acompanha e avalia o rendimento das propostas pedagógicas, dos objetivos e o cumprimento de metas. Avalia o desempenho dos alunos, do corpo docente e da equipe escolar como um todo.

O ideal é que o Projeto Pedagógico seja revisto regularmente, principalmente em função dos resultados, obtidos comparativamente às metas previstas. O Projeto Pedagógico deve ser elaborado, e revisto, considerando a escola como formadora de cidadãos com responsabilidades socioemocionais e socioambientais. Educação é muito mais do que trabalhar para "formar" profissionais como: tecnólogos, médico, engenheiro, advogado, etc.

Todo curso, de qualquer nível, inclusive os de Educação a Distância, tem que ter o seu Projeto Pedagógico.

Um Projeto Pedagógico ou planejamento pedagógico é um documento destinado a estruturar a proposta de determinada instituição ou curso no campo educacional. Ele apresenta diretrizes que deverão ser seguidas em todas as ações de ensino realizadas naquele local ou ambiente (no caso da educação digital). Também explicita as metas almejadas e as atividades a serem elaboradas.

O ambiente educacional planejado, uma escola ou curso, deve ser descrito em detalhes, com indicações consistentes da proposta curricular, do planejamento da equipe e da gestão administrativa. O Projeto Pedagógico é obrigatório para todas as escolas, de acordo com a Lei de Diretrizes e Bases da Educação Nacional (LDB). Um curso isolado, muito comum em faculdades, também deve ter seu Projeto Pedagógico.

Na Educação Básica, Ensinos Fundamental e Médio, o Projeto Pedagógico tem que atender às Bases Nacionais Comuns Curriculares – BNCCs. Em 20 de dezembro de 2017, o Ministério da Educação homologou o documento da Base Nacional Comum Curricular – BNCC, para a etapa do Ensino Fundamental (anos iniciais e anos finais) e em 14 de dezembro de 2018 homologou o documento da Base Nacional Comum Curricular- BNCC, para a etapa do Ensino Médio (dos três anos).

Objetivo de um Projeto Pedagógico

O principal objetivo do Projeto Pedagógico é fornecer à instituição uma imagem nítida e completa de si mesma. Ele estabelece uma base comum de responsabilidades compartilhadas por toda a comunidade escolar. Quando feito de maneira correta e séria, contribui para a valorização do professor, do funcionário e do aluno, permitindo que a instituição cumpra todos os seus objetivos, bem como todos os dispositivos legais.

O Projeto Pedagógico deve sofrer revisões periódicas, pelo menos uma vez por ano para escolas de Educação Básica, e a todo semestre para faculdades e cursos superiores. Ele deve ser capaz de mostrar o funcionamento cotidiano do ensino. No caso do Projeto Político Pedagógico, ele tem que refletir tanto a realidade da instituição, quanto da comunidade na qual está inserida.

Orientado por um profissional licenciado em Pedagogia, a execução do Projeto Pedagógico deve envolver toda a comunidade escolar, incluindo direção, coordenação, professores e todos os servidores administrativos. A participação de cada um, e de todos deve ser democrática e ativa. Deve-se despertar uma verdadeira consciência dos envolvidos acerca do plano de ação a ser executado e dos benefícios que resultarão dele. O Projeto Pedagógico não deve ser encarado, apenas, como mais um documento obrigatório. Em hipótese alguma deve-se copiar um Projeto Pedagógico de outra instituição ou curso, apenas fazendo algumas alterações.

Ele serve de norte e de orientação para que uma escola ou faculdade possa cumprir com qualidade sua missão. Tem que ser visto como um documento vivo, ou seja, tem que ser seguido e alimentado, continuamente.

Um Projeto Político Pedagógico também tem que contar com a participação das famílias, bem como de representantes da comunidade, especialmente, caso exista, da associação de moradores da localidade onde a escola está localizada. Não se pode esquecer que, a grande função social da escola é formar cidadãos responsáveis, críticos e conscientes que irão atuar na sociedade de forma individual e coletiva, ajudando a melhorá-la, cada vez mais.

Principais itens que devem estar contidos no Projeto Pedagógico

O documento tem que conter todo o conjunto de informações que refletem a estrutura educacional de uma escola, faculdade ou curso. Tem que conter, tanto os aspectos gerais e elementos detalhados, quanto as particularidades que delineiam os processos de ensino em um nível prático. Elaborar um Projeto Pedagógico não é tarefa trivial, exigindo uma preparação adequada e uma constante capacidade de adaptação. Os principais itens, que um Projeto Pedagógico deve conter, são citados a seguir, adaptando-se, caso seja apenas o projeto de um curso isolado:

- Missão e visão da instituição de ensino ou do curso em questão;
- Endereço e localização geográfica, incluindo o contexto social ao redor;
- Planta baixa de toda a escola;
- Estrutura organizacional ou organograma (com hierarquia e funções);
- Recursos materiais incluindo: salas, mobiliários, equipamentos, laboratórios, etc.;
- Detalhamento dos recursos e tecnologias digitais disponíveis e como serão usadas;
- Capacidade de atendimento de alunos (quantidade máxima de alunos);
- Recursos humanos incluindo profissionais da educação, administrativos e complementares;
- Teoria e métodos pedagógicos utilizados, principalmente detalhando a interdisciplinaridade;
- Formas de avaliação, critérios de promoção e recuperação;
- Manual dos alunos (com direitos e deveres);
- Estrutura do Conselho de pais e professores;
- Detalhes dos Conselhos de Classe ou das reuniões com alunos e comunidade;
- Fluxograma curricular, com todas as disciplinas dos cursos;
- Ementa de cada disciplina, com todas as referências bibliográficas;
- *Detalhamento de como serão apresentados os conteúdos nas aulas remotas e Políticas de aperfeiçoamento dos professores (educação continuada).

*No detalhamento de como serão apresentados os conteúdos nas aulas remotas, devem ser citados todos os aspectos, tais como: forma de apresentação, duração de cada aula, frequência semanal e horas máximas semestrais ou anuais das aulas remotas.

O Projeto Pedagógico contribui para: - Uma maior interação entre toda a comunidade escolar (não apenas entre professores); - Um contato mais íntimo com cada aluno; - Estreitar as relações entre a escola, as famílias dos alunos e a comunidade; - Promover um uso social do aprendizado (não se deve estudar, só por estudar); - Aumentar a autonomia e independência do aluno - Gerar autoestima e protagonismo e - Propiciar um ambiente acolhedor, para todos os atores da escola.

2.11 Base conceitual e regulamentação da Educação a Distância – EaD, no Brasil

O Ensino a Distância - EaD, que tem como base a Heutagogia (conceituada em 2000), é um grande exemplo do autodidatismo. Esse ensino é diferente do presencial, requerendo autodisciplina, autocontrole e muita dedicação do aluno, além, é óbvio, da qualidade do curso oferecido. Esse ensino vem crescendo a cada dia no Brasil, principalmente ajudando pessoas que moram longe dos centros educacionais e proporcionando mais diversidade no conteúdo de interesse do aluno.

Na modalidade de aprendizagem EaD o professor ou orientador ou o tutor da aprendizagem atua como "mediador", isto é, aquele que estabelece uma rede de comunicação e aprendizagem multidirecional, através de diferentes meios e recursos da tecnologia da comunicação, não podendo assim se desvincular do sistema educacional e deixar de cumprir funções e métodos pedagógicos, no que se refere à construção da ambiência de aprendizagem. Essa mediação tem a tarefa adicional de vencer a distância física entre educador e o educando, que deverá ser autodisciplinado e automotivado, para que possa superar os desafios e as dificuldades que surgirem durante o processo de ensino/aprendizagem. Como o próprio nome diz: Educação a Distância é Educação! Portanto, como tal tem que ser conduzida.

2.11.1 Legislação e preconceitos

As bases legais para a modalidade de Ensino a Distância, EaD, foram estabelecidas pela Lei de Diretrizes e Bases na Educação Nacional, Lei n° 9.394, de 20 de dezembro de 1996 (também conhecida como Lei Darcy Ribeiro), regulamentada pelo decreto n° 5.622 de 20 de dezembro de 2005, que revogou os decretos n° 2.494 de 10 de fevereiro de 1998, e n° 2.561 de 27 de abril de 1998, com normatização definida na Portaria Ministerial n° 4.361 de 2004. Em 25 de maio de 2017, através do Decreto Nº 9.057/2017, o Ministério da Educação regulamentou a Educação a Distância (EaD) em todo território nacional. A partir desta data, as instituições de ensino superior podem ampliar a oferta de cursos superiores de graduação e pós-graduação a distância. Entre as principais mudanças, estão a criação de polos de EaD pelas próprias instituições e o credenciamento de instituições na modalidade EaD, sem exigir o credenciamento prévio para a oferta presencial.

Com a regulamentação, as instituições poderão oferecer, exclusivamente, cursos a distância, sem a oferta simultânea de cursos presenciais. A estratégia do MEC é ampliar a oferta de Ensino Superior no país para atingir a Meta 12 do Plano Nacional de Educação (PNE), que exige elevar a taxa bruta de matrícula na educação superior para 50% e a taxa líquida em 33% da população de 18 e 24 anos.

A nova regra também estabelece que o credenciamento exclusivo para cursos de Pós-graduação *lato sensu*, na modalidade EaD, fique restrito às escolas públicas. Todas as mudanças tiveram como objetivo, além de ampliar a oferta e o acesso aos cursos superiores, garantir a qualidade do ensino. Os polos de EaD, por exemplo, passam a ser criados pelas instituições, que deverão informá-los ao MEC, respeitados os limites quantitativos definidos pelo ministério com base em avaliações institucionais baseadas na qualidade e infraestrutura.

Quando da publicação do Decreto, em 25/05/2017, o ministro da Educação justificou a atualização da legislação ao comparar o percentual de jovens entre 18 e 24 anos matriculados no Ensino Superior em diferentes países. Enquanto Argentina e Chile tinham cerca de 30% de seus jovens na educação superior, percentual que ultrapassa os 60% nos Estados Unidos e no Canadá, o Brasil tinha um índice inferior aos 20%. O Decreto também regulamentou a oferta de cursos a distância para o Ensino Médio e para a Educação Profissional Técnica de Nível Médio. Nessas modalidades, as mudanças devem atender à reforma do Ensino Médio (Lei 13.415/2017, de 16/02/2017) e ainda terão seus critérios definidos pelo MEC em conjunto com sistemas de ensino, Conselho Nacional de Educação (CNE), conselhos estaduais e distrital de educação e secretarias de educação estadualo e distrital, para aprovação de instituições que desejam ofertar Educação a Distância.

Para oferecer cursos superiores EaD, as instituições de ensino devem obter o credenciamento junto ao Ministério da Educação e, uma vez criados, os cursos a distância passam pela mesma avaliação aplicada em cursos presenciais. A legislação brasileira não faz distinção de diplomas, obtidos por EaD ou curso presencial. Por exemplo, um aluno que apresente diploma de formação em Pedagogia, obtido em curso a distância, tem os mesmos direitos que outro com diploma, do mesmo curso, na forma presencial.

Embora estivesse diminuindo, em 2022, ainda existiam restrições, por parte de empresas, a profissionais que apresentavam diplomas de formação em cursos EaD. Por que isto ocorria? Infelizmente, apesar de melhorias ao longo dos anos, ainda existiam instituições de EaD que não primavam pela qualidade de seus cursos, literalmente transformando-se em "fábricas de diploma". Existiam relatos de grandes discrepâncias de conhecimento, entre alunos formados em cursos presenciais e nos de EaD. Sem querer alongar esta discussão, que até torna-se subjetiva, vale a pena lembrar uma frase do professor José Abrantes: "Diploma não faz entrevista, muito menos passa em concurso público". Esta frase também pode ser interpretada da seguinte maneira: "Não é o nome da instituição que te dá conhecimento; mas sim você". É óbvio que é importante uma instituição de "nome".

2.11.2 Problemas

Segundo informações de 2016, de Pavlos Dias, gerente de operações da Blackboard Brasil, uma das principais plataformas de ensino a distância, um dos maiores desafios da EaD no Brasil era a formação dos professores. Segundo ele "As faculdades ainda preparam os professores para a educação presencial. É natural que as instituições ainda encontrem dificuldades com tutores e até na elaboração de conteúdos para cursos a distância".

O professor José Abrantes, que tem experiência também na formação de professores de Matemática (Licenciatura da Uerj), acrescenta que um dos motivos para esta dificuldade de se ter bons professores (tutores) atuando na EaD é a baixa remuneração. Em 2022, considerando o ensino superior privado no município do Rio de Janeiro, um professor com mestrado recebia um salário mensal de até quatro (4) vezes mais, trabalhando em curso presencial, do que atuando como tutor em curso correlato de EaD.

Outro problema é que, em geral, professores com licenciatura, e com experiência em sala de aula, não concordam com "a forma" como se "relacionam" com os alunos na EaD. Mais do que sentir falta do contato presencial, muitos professores, dentre os quais o professor José Abrantes, não "gostam" dos métodos "didáticos/pedagógicos" utilizados pela maioria das instituições privadas que oferecem cursos a distância. Também não se pode negar que muitos destes cursos, devido seus métodos de ensino a distância, passam a ideia de estar preocupados apenas em ter "lucros", ficando o "aprendizado" em segundo plano. Mesmo trabalhando em instituição privada, um professor que ama sua profissão, prioriza o aprendizado.

O Censo 2016/2017 da Associação Brasileira de Educação a Distância – ABED, constatou as cinco maiores dificuldades apontadas pelas instituições que ofereciam cursos EaD:

- Oferecer EaD exige inovação em abordagens pedagógicas, ou seja, a abordagem pedagógica não deve ser igual ao ensino presencial;
- Oferecer EaD exige inovação tecnológica constante;
- O corpo docente da instituição acredita que a EaD permite atingir públicos que não poderiam estudar em um formato totalmente presencial;
- Oferecer EaD exige inovação constante de processos administrativos e
- Oferecer EaD exige alto padrão de infraestrutura.

Mais uma vez, pode ser dito: aulas remotas ou cursos a distância não podem ser baseados apenas em apresentação de telas, em *power point*, conduzidas por professor *data show*. Uma questão relevante na EaD é o alto custo, para as instituições de ensino, na produção do conteúdo teórico, pois é necessário adaptar o material didático para as novas mídias. Outro problema é que, ao disponibilizar este conteúdo em uma plataforma *on-line* é essencial adotar uma linguagem específica, ou melhor, nova abordagem pedagógica, investir em recursos visuais e qualquer usuário (aluno) precisa dispor de um computador.

O crescimento de alunos do ensino superior em cursos a distância é uma realidade. Em 2009, o número de estudantes era de cerca de 330 mil. Em 2019, houve um salto para mais de 1 milhão e meio, ou seja, crescimento de 379%. Esses números fazem parte do Censo da Educação Superior 2019, divulgados pelo Instituto Nacional de Estudos e Pesquisas Educacionais Anísio Teixeira (Inep), órgão do Ministério da Educação - MEC.

De acordo com os dados do Censo, pela primeira vez na história o número de ingressantes na modalidade de ensino a distância (EAD) ultrapassou a quantidade de estudantes que optaram por iniciar a graduação presencial. Ao todo, 50,7% (1.559.725) dos alunos de instituições privadas escolheram o ensino à distância e 49,3% (1.514.302) o presencial. Parte dos especialistas acreditava que a pandemia, entre 2020 e 2021, que obrigou alunos a terem aulas pelo ensino remoto, pode impulsionar a procura por esse tipo de curso.

No Brasil, em 2019, 88,4% (2.306) das instituições de educação superior eram privadas. As públicas eram 302, sendo 43,7% (132) estaduais; 36,4%, federais (110); e 19,9%, municipais (60). Existiam cerca de 6,3 milhões de alunos (75,8%) matriculados em faculdades/universidades particulares. A cada quatro estudantes de graduação, três frequentavam estabelecimentos de ensino privados.

Os cursos de licenciatura, na modalidade a distância, apontaram crescimento na década de 2010. Em 2019 a porcentagem dos alunos que optaram por se matricular no EAD foi de 53,3%. Enquanto o número de licenciaturas triplicou entre 2009 e 2019, no mesmo período a oferta caiu 5% nas aulas presenciais.

Os cursos de licenciatura com mais alunos matriculados foram: 1º Pedagogia com 815.743, 2º Educação Física (153.527), 3º Matemática (95.789), 4º História (89.729), 5º Biologia (79.309) e 6º Letras/Português (77.459). Entre os menos procurados estavam: Ciências Sociais (17.241) e Música (16.878). Em contrapartida, o censo observou que eram baixas as taxas de conclusão nos cursos de licenciatura EaD. Observa-se que, no Brasil, desde o início dos anos 2000, lenta e progressivamente, vem diminuindo a conclusão de cursos de licenciatura, especialmente na Matemática. Quais os motivos disso?

Várias pesquisas têm mostrado que, a cada ano diminui o número de alunos da Educação Básica, que afirmam querer ser professor e atuar na Educação Básica, alguns dizem que querem ser professor do Ensino Superior, pois: "ganha-se mais e tem-se menos problemas". Quais problemas na Educação Básica afastam os "futuros" professores?

Segundo dados, divulgados no início de 2020, pelo Instituto Ayrton Senna, entre 2020 e 2025, esperava-se a formação, no Brasil, de cerca de 1,5 milhão de professores. Como o número de matrículas nas escolas vem diminuindo, principalmente em função da queda da taxa de natalidade, previa-se que, especialmente após 2030, poderá existir muito desemprego na área da Educação. Outro dado preocupante é que, entre 2020 e 2021, cerca de 15% dos alunos do Ensino Médio e 10% do Ensino Fundamental abandonaram a escola (evasão), tanto pela dificuldade de assistir aulas remotas, quanto da necessidade de ajudar a família, principalmente para conseguir o que comer. Será que voltarão às escolas?

Muitos especialistas em Educação defendem o ensino remoto como uma alternativa a cursos mais baratos e de formato mais flexível, facilitando a vida de alunos que trabalham ou com filhos, bem como de mais fácil acesso em regiões distantes. Contrariamente, muitos apontam riscos com a EaD, onde pode haver menos disciplinas práticas, pouco acesso a laboratórios e bibliotecas e menor controle de qualidade. Também não se deve desconsiderar a não interação social entre alunos, especialmente entre crianças e jovens. Escola não é e nunca foi local de apenas aprendizagem. Escola também é espaço de socialização, com todos os seus problemas.

Com relação à qualidade dos cursos de EaD, em 2022, muitos professores e pesquisadores envolvidos com este ensino, já previam que em poucos anos a realidade virtual, a realidade aumentada, bem como a inteligência artificial, causarão uma revolução, melhorando em muito a qualidade dos cursos. Como já citado, um dos desafios da EaD, no que se refere à evasão de alunos e dificuldades de aprendizagem, está na baixa capacidade de autodidatismo e disciplina dos estudantes. Como os mais pobres vão utilizar, além de *smarts* e *tablets*, aparatos como óculos das realidades virtual e aumentada? E quanto às necessidades tecnológicas da Inteligência Artificial, para a Educação? Será apenas para poucos?

2.11.3 Regulamentação da EaD no Brasil: Educação Básica e Ensino Superior

Em 2021, no Brasil, a Educação a Distância – EaD estava na sua 5ª geração, a da *Internet*/Web, tendo passado pelas seguintes etapas: 1ª - Cursos por correspondência, com uso dos serviços postais dos correios; 2ª - Cursos transmitidos por rádio e televisão; 3ª - Universidades Abertas e 4ª - Cursos e treinamentos por Teleconferências.

No Brasil, o Decreto nº 9.057, de 25/05/2017 definiu a Educação a Distância – EaD, como a modalidade educacional na qual a mediação didático-pedagógica nos processos de ensino e aprendizagem ocorra com a utilização de meios e tecnologias de informação e comunicação (TIC), com pessoal qualificado, com políticas de acesso, com acompanhamento e avaliação compatíveis, entre outros, e desenvolva atividades educativas por estudantes e profissionais da educação que estejam em lugares e tempos diversos.

Além de abranger o Ensino Superior, incluindo Pós-graduações, o Decreto n⁰ 9.057/2017 também regulamentou a oferta de cursos a distância para a Educação Básica, como descrito no Capítulo II (da oferta de cursos na modalidade a distância na Educação Básica) e artigo 8⁰, a seguir transcrito:

Art. 8º Compete às autoridades dos sistemas de ensino estaduais, municipais e distritais, no âmbito da unidade federativa, autorizar os cursos e o funcionamento de instituições de educação na modalidade a distância nos seguintes níveis e modalidades:

I - ensino fundamental, nos termos do § 4º do art. 32 da Lei nº 9.394, de 20 de dezembro de 1996; II - ensino médio, nos termos do § 11 do art. 36 da Lei nº 9.394, de 1996; III - educação profissional técnica de nível médio; IV - educação de jovens e adultos; e V - educação especial.

Art. 9º A oferta de ensino fundamental na modalidade a distância em situações emergenciais, previstas no § 4º do art. 32 da Lei nº 9.394, de 1996, se refere a pessoas que:

I - estejam impedidas, por motivo de saúde, de acompanhar o ensino presencial; II - se encontrem no exterior, por qualquer motivo; III - vivam em localidades que não possuam rede regular de atendimento escolar presencial; IV - sejam transferidas compulsoriamente para regiões de difícil acesso, incluídas as missões localizadas em regiões de fronteira; ou V - estejam em situação de privação de liberdade.

Art. 10. A oferta de educação básica na modalidade a distância pelas instituições de ensino do sistema federal de ensino ocorrerá conforme a sua autonomia e nos termos da legislação em vigor.

Em 11 de dezembro de 2019, foi publicada no Diário Oficial da União a Portaria 2.117/2019, que autoriza as instituições de ensino superior (IES) ampliar para até 40% a carga horária de educação a distância (EAD) em cursos presenciais de graduação. O percentual anterior era de no máximo 20%, exceto às IES com nota 4 no Conceito Institucional e para cursos com nota 4 ou 5 no Conceito de Curso, ambos medidos pelo Ministério da Educação (MEC). Estas podiam ir a 40% de EAD. A partir de então, até mesmo as áreas de Engenharia e Saúde (menos Medicina) podem ampliar a modalidade EAD na organização pedagógica e curricular de seus cursos de graduação presenciais. *Observa-se que esses novos percentuais para a EaD não têm nada a ver com a pandemia do coronavírus.*

Também se observa que, o Ensino Médio sofreu uma ampla reforma com a Lei 13.415 de 16/02/2017. No parágrafo 4.2.2.1 são feitos comentários sobre esta reforma.

Capítulo 3

Teorias de Aprendizagem e Métodos Pedagógicos. Tipos de "Escolas" e Tipos de Ensinos. O Professor *Data Show*!

3.1 Teorias de aprendizagem

Ao longo dos anos, a Pedagogia, ou melhor, a aprendizagem, tem passado por diversas teorias e abordagens educacionais, objetivando estruturar e fornecer metodologias eficientes de ensino/aprendizado. A seguir são explicadas as principais e mais praticadas teorias de aprendizagem, bem como os métodos pedagógicos.

3.1.1 Comportamentalismo ou behaviorismo (a abordagem tradicional)

É uma abordagem pedagógica em que o professor ensina descrevendo de forma repetitiva os fatos/fenômenos, praticamente sem explicar suas causas/origens. Baseia sua eficiência de aprendizado no sistema prêmio/castigo, como explicam as teses de Pavlov* para o treinamento de animais domésticos, o que deu lugar ao sistema da "decoreba" ou memorização, predominante na Educação Básica até por volta de 1970. É uma abordagem que dispensa a componente de pesquisa/busca de conhecimento, que se limita àquele que é portado pelo professor.

*Ivan Petrovich Pavlov (1849-1936) foi um fisiologista russo conhecido principalmente pelo seu trabalho no condicionamento clássico. Foi premiado com o Nobel de Fisiologia ou Medicina de 1904, por suas descobertas sobre os processos digestivos de animais. Entretanto, Pavlov entrou para a história por sua pesquisa no campo do condicionamento, na Psicologia do comportamento ou do reflexo condicionado.

O behaviorismo ou comportamentalismo ou modelo Watsoniano ou Skinerismo ou teoria cognitiva comportamental é apontado como tendo se iniciado em 1910, após um artigo de John Broadus Watson (1878-1958). Segundo essa abordagem, o professor é o guia do processo educativo e exerce uma espécie de poder, tendo como função transmitir conhecimento e informações, mantendo certa distância dos alunos, que são elementos passivos em sala de aula. As avaliações são periódicas, por meio de provas escritas, e medem a quantidade de informação que o aluno consegue absorver. Essa Teoria, por exemplo, é a utilizada nas escolas que têm como foco principal o preparo para o vestibular, desde os anos finais do Ensino Fundamental, enfatizando que não há como formar um aluno questionador sem uma base sólida, rígida e baseada na informação.

É uma abordagem obviamente limitada que, por incrível que pareça, ainda permeia nosso atual (em 2022) sistema educacional, principalmente em cursos de nível superior, inclusive em instituições renomadas. Os principais nomes relacionados ao comportamentalismo, além de Watson, são: Ivan Petrovich Pavlov (1849-1936), Burrhus Frederic Skinner (1904-1990) e Robert Mills Gagné (1916-2002).

3.1.2 Gestaltismo (baseado na percepção)

Surgiu na Alemanha entre 1920 e 1930. Caracteriza-se por uma teoria que veio de uma escola de pensamento, que é a Psicologia da *Gestalt*, palavra alemã que significa estrutura + forma. Essa escola estuda como os seres humanos percebem as coisas e como a percepção se organiza. Considera que os três elementos primordiais da aprendizagem são: aquisição, retenção e transferência.

Na educação, a *Gestalt* torna-se respeitável, à medida que abandona a função automática no processo de aprendizagem, considerando somente as situações que acarretam experiências ricas e variadas, levando o indivíduo ao amadurecimento e ao *insight* (sacada). Para a *Gestalt* o todo é maior do que a soma de suas partes, isto é: o que é aprendido é mais do que a soma das respostas que possam ocorrer. A *Gestalt* na Educação também valoriza as experiências anteriores, por exemplo, para resolver um novo problema.

Na *Gestalt* o ensino é centrado no aluno e o educador tem como função dar assistência ao educando, de forma a não transmitir simplesmente o conhecimento, mas agindo como facilitador da aprendizagem. Ou seja, considera cada um como cada um! Em 2022, poucas escolas brasileiras aplicavam essa teoria, embora muitos professores, de forma isolada e quase "subversiva", o adotassem.

3.1.3 Cognitivismo

É uma abordagem pedagógica em que o professor ensina descrevendo os fatos/fenômenos, mas com a preocupação de explicar suas causas/origens, porém, ainda, dentro de uma situação de aceitação passiva por parte dos alunos diante do professor "sabe-tudo". Esta situação era a predominante em 2022, no modelo brasileiro de ensino. Note-se que é uma abordagem que faz uso restrito, apenas complementar, da pesquisa/busca de conhecimento. Na melhor das hipóteses, nela se utilizam experiências de laboratórios, notoriamente repetitivas e restritas a uma forma linear de experimentos simplificados. Referências citam esta fase como tendo começado na década de 1950. Os principais nomes relacionados ao cognitivismo são: Jean William Fritz Piaget (1896-1980), David Paul Ausubel (1918-2008), Jerome Seymour Bruner (1915-2016) e Howard Gardner (com 79 anos de idade em 2022).

Quanto a Piaget, em verdade, ele desenvolveu o que se chama de Epistemologia Genética. Para ele, o conhecimento é "construído" através da interação do sujeito com seu meio, a partir de estruturas existentes. Assim sendo, a aquisição de conhecimentos depende tanto das estruturas cognitivas do sujeito como da relação dele com o objeto. Para Piaget, o desenvolvimento humano segue quatro estágios hierárquicos, que decorrem do nascimento até se consolidarem por volta dos 16 anos. A ordem destes estágios seria invariável, embora os intervalos de tempo de cada um deles não sejam fixos, podendo variar em função do indivíduo, do ambiente e da cultura, na qual está inserido.

Os quatro estágios de Piaget são: sensório-motor (do nascimento aos dois anos); pré-operatório (dos dois aos seis anos); operatório-concreto (dos sete aos 11 anos) e estágio operatório-formal (dos 12 aos 16 anos).

Em 1983, o professor americano, Howard Gardner publicou a teoria das Inteligências Múltiplas, onde afirma que o ser humano é dotado de várias inteligências e reconhecendo que cada indivíduo, realmente, é único e diferente dos demais, sendo que cada um usa as suas diversas inteligências de formas e em momentos diferentes. Outra característica desta teoria é quando Gardner define inteligência como a capacidade de resolver problemas e criar coisas úteis. Quais problemas? Criar o quê? A partir disto, infere-se que, todo ser humano é capaz, inteligente e dotado de várias inteligências ou habilidades ou dons. Ou seja, o professor Abrantes infere que, todo e qualquer ser humano é capaz de aprender, seja o que for desde que não tenha sérios problemas cognitivos.

Inicialmente, em 1983, Gardner publicou sete tipos de inteligências e, posteriormente outros pesquisadores propuseram outras. Em 2022, o professor Abrantes dizia que, "existiam" as seguintes 12 inteligências: verbo-linguística; viso espacial; lógico-matemática; cinestésico corporal; musical; naturalista; intrapessoal; interpessoal; emocional; existencial; pictórica e social. Ainda em 2022, sabia-se da existência de várias escolas, em diversos lugares, que experimentavam aulas baseadas nesta Teoria. O capítulo 6 aprofunda essa Teoria.

3.1.4 Construtivismo ou interacionismo

É uma abordagem pedagógica altamente diferenciada das anteriores, pois, nela, não é o professor que ensina, mas sim, o aluno que aprende. No Brasil começou a ser utilizada na década de 1970. Esta abordagem baseia-se numa ação tutorial do professor que, ao invés de ensinar, induz o aluno a "aprender a aprender" através da busca orientada do conhecimento que o aluno necessita. É uma situação de indução e aproveitamento da criatividade potencial do aluno, advinda das teorias de Jean Piaget (1896-1980). É uma abordagem que depende intensivamente de fontes generosas de informação, hoje garantidas pelo gigantesco universo informativo disponível, por exemplo, na Internet. Tanto a Andragogia, quanto a Heutagogia, utilizam a abordagem construtivista. Segundo Fernando Becker (48 anos de idade em 2022), professor da UFRGS:

> Entendemos que construtivismo na Educação poderá ser a forma teórica ampla que reúna várias tendências atuais do pensamento educacional. Tendências que têm em comum a insatisfação com um sistema educacional que teima (ideologia) em continuar essa forma particular de transmissão que é a Escola, que consiste em fazer repetir, recitar, aprender, ensinar o que já está pronto, em vez de fazer agir, operar, criar, construir a partir da realidade vivida por alunos e professores, isto é, pela sociedade, a próxima e, aos poucos, as distantes. A Educação deve ser um processo de construção de conhecimento ao qual ocorrem, em condição de complementaridade, por um lado, os alunos e professores e, por outro, os problemas sociais atuais e o conhecimento já construído (acervo cultural da Humanidade). Construtivismo, segundo pensamos, é esta forma de conceber o conhecimento: sua *gênese e seu desenvolvimento* e, por consequ*ência, um novo modo de ver o universo, a vida e o mundo das relações sociais.*

O construtivismo propõe que o aluno participe ativamente do próprio aprendizado, mediante a experimentação, a pesquisa em grupo, o estímulo à dúvida e o desenvolvimento do raciocínio. A partir de sua ação vai estabelecendo as propriedades dos objetos e construindo o seu conhecimento. Considera o erro como uma possibilidade de aprendizado. Para o construtivismo nada está pronto e acabado, tudo pode ser modificado e apreendido de outra forma.

Uma grande contribuição da teoria construtivista foi quanto à alfabetização de crianças, com um método desenvolvido por Emília Beatriz Maria Ferreiro Schavi (com 85 anos de idade em 2022), uma psicóloga argentina, radicada no México, que teve Piaget como orientador de seu doutorado na Universidade de Genebra, na Suíça. Emilia Ferreiro concluiu que a criança pode se alfabetizar sozinha, desde que esteja em um ambiente que estimule o contato com letras e textos. Ela acredita que os alunos também aprendem a ler e escrever fora das salas de aula. Desta forma, o professor ao ensinar deve considerar as interpretações que os próprios alunos têm sobre a escrita. Segundo ela, as cartilhas tradicionais restringem a alfabetização. Emilia Ferreiro publicou vários livros relacionados à alfabetização de crianças entre os anos de 1979 e 1989.

Pode-se afirmar que, baseando-se na teoria do construtivismo, as escolas passaram de instituições de ensino, para instituições de aprendizagem, já que apoiados nas tecnologias de informação, professores e alunos aprendem o tempo todo.

3.1.5 Socioconstrutivismo

Teoria baseada nas ideias do psicólogo bielorusso Lev Semionovitch Vygotsky (1896-1934). Foi pioneiro na noção de que o desenvolvimento intelectual das crianças ocorre em função das interações sociais (e condições de vida). Essa teoria parte do princípio que o ser humano não nasce inteligente, adquirindo conhecimento através das relações interpessoais. Esta teoria pedagógica propõe que o conhecimento não seja passado pronto do professor para o aluno. As escolas que utilizam essa teoria estimulam o aluno a aprender a partir de suas vivências. Por exemplo, através de discussões em grupos e formulação de hipóteses, o aluno compreende novos pontos de vista e adquire os conhecimentos necessários. Os erros são vistos como uma forma de melhorar o aprendizado. É errando que se aprende.

Vygotsky é o grande fundador da escola soviética de Psicologia, principal corrente que deu origem ao sócio-construtivismo. Apesar da vida breve (morreu com 37 anos), foi autor de uma obra muito importante, junto com seus colaboradores Alexander Romanovich Luria (1902-1977) e Alexei Nikolaevich Leontiev (1903-1979), que foram os responsáveis pela disseminação dos textos de Vygostky, muitos deles destruídos com a ascensão de Stalin (1878-1953) ao Kremlin. Devido à censura soviética seus trabalhos só ganharam dimensão após a década de 1990, inclusive dentro da própria Rússia.

No ocidente, o seu livro "Pensamento e Linguagem" foi lançado apenas em 1962 nos Estados Unidos. Os seus primeiros estudos foram voltados para a Psicologia da arte. Extremamente culto, tinha entre seus amigos o grande cineasta Sergei Eisenstein (1898-1948), admirador de seu trabalho. O contexto em que viveu Vygotsky ajuda a explicar o rumo que seu trabalho iria tomar. As suas ideias foram desenvolvidas na União Soviética, saída da Revolução Russa de 1917 e refletem o desejo de reescrever a Psicologia, com base no materialismo marxista, e construir uma teoria da educação adequada à nova realidade social emergida da revolução.

O projeto ambicioso e a constante ameaça da morte (a tuberculose manifestou-se desde os 19 anos de idade e foi responsável por sua morte prematura) deram ao seu trabalho, abrangente e profundo, um caráter de urgência. A linguagem é uma espécie de "cabo de vassoura" muito especial, capaz de transformar decisivamente os rumos de nossa atividade. Quando aprendemos a linguagem específica do nosso meio sociocultural, transformamos radicalmente os rumos de nosso próprio desenvolvimento. Assim, podemos ver como a visão de Vygotsky dá importância à dimensão social, interpessoal, na construção do sujeito psicológico. As suas pesquisas sobre aprendizagem tiveram na sua maior parte enfoque na Pedagogia.

Na área educacional, a influência de Vygotsky também vem crescendo cada vez mais, dando origem a experiências mais diversas. Não existe um método Vygotsky. Como Piaget, o psicólogo bielorrusso é mais uma fonte de inspiração do que um guia para os pedagogos. As obras de Vygotsky incluem alguns conceitos que se tornaram incontornáveis na área do desenvolvimento da aprendizagem. Um dos conceitos mais importantes é o de zona de desenvolvimento proximal, que se relaciona com a diferença entre o que a criança consegue aprender sozinha e aquilo que consegue aprender com a ajuda de um adulto. A zona de desenvolvimento proximal é, portanto, tudo o que a criança pode adquirir em termos intelectuais quando lhe é dado o suporte educacional devido. Este conceito foi, posteriormente, desenvolvido por Jerome Seymour Bruner (1915-2016), sendo hoje vulgarmente designado por "etapa de desenvolvimento". Outra contribuição vygotskiana de relevo foi a relação que estabelece entre pensamento e linguagem, desenvolvida no seu livro "Pensamento e Linguagem".

3.1.6 Humanismo

É uma corrente que defende que o ser humano tem capacidades que não são encontradas em outros animais. Ao contrário do comportamentalismo, que apregoa que todo comportamento é resultado de estímulos e respostas, e do cognitivismo, que acredita que a descoberta ou a construção dos sentidos é um fator primário na aprendizagem humana. Para o Humanismo, os seres humanos comportam-se independentemente de valores e intencionalidade, e que no processo de aprendizagem é necessário conhecer o aprendiz, sua história, suas motivações e áreas de interesse. Os principais nomes relacionados ao humanismo são: John Dewey (1859-1952) e Carl Ransom Rogers (1902-1987).

O humanismo pressupõe que o ensino deve ser voltado às necessidades e ao bem-estar do ser humano, já que tudo aprendido na escola tem o objetivo de ajudar o aluno a se formar não apenas profissionalmente, mas, principalmente, torná-lo um cidadão pleno.

Numa escola humanista o aluno ajuda a desenvolver sua própria educação, de forma a ser crítico, participativo, proativo e autossuficiente. Essa caminhada é construída em conjunto com educadores, e outros alunos, por meio de atividades em grupo, aprendendo e desenvolvendo valores como: ética, honestidade, bondade, gentileza, cooperação e empatia.

3.2 Métodos pedagógicos

Ao longo dos tempos, a Educação vem utilizando, tanto teorias de aprendizagem, quanto métodos pedagógicos, ou seja, a forma como se atua na sala de aula, em síntese, a forma como se transmite um conteúdo curricular, de uma determinada disciplina. Baseando-se em diversos autores, pode-se dizer que existem três formas ou métodos pedagógicos: os verbais (como se diz), os intuitivos (como se mostra) e os ativos (como se faz).

Os métodos verbais são os de transmissão oral dos saberes, continua a ser a mais clássica, mas também a mais usual forma de comunicação pedagógica (em 2022). A sua enorme diversidade decorre obviamente das próprias multiplicidades de formas a que se pode recorrer, para expor ou interrogar os alunos sobre um dado tema. Os intuitivos procuram mostrar algo a alguém, de forma que possa intuir, apreender ou perceber o que se pretende transmitir. Nos métodos ativos o aluno participa ativamente das aulas. Um dos principais teóricos deste método é John Dewey (1859-1952), que concebeu a educação baseada na ação, segundo os seguintes princípios:

1. O aluno só aprende bem quando o faz por observação, reflexão e experimentação (autoformação);

2. O ensino dever ser adaptado à natureza própria de cada aluno (ensino diferenciado);

3. Deve desenvolver, não apenas a sua formação intelectual, mas também as suas aptidões manuais, assim como a sua energia criadora (educação integral);

4. O conteúdo de ensino deve ser organizado de uma forma que produza um efeito global na formação do aluno (ensino global) e

5. O ensino deve contribuir para a socialização do aluno, por meio de trabalhos em grupos, respeitando e fortalecendo sempre a individualidade dos alunos. Educação é vida e, educar é preparar para a vida (ensino socializado).

Verbais	**Intuitivos**	**Ativos (Metodologias ativas)**
Exposição	Demonstração	Trabalhos em grupo
Explicação	Audiovisuais	Trabalhos em equipe
Diálogo	Textos escritos	Grupos de projeto
Debates	/	Estudo de casos
Conferência	/	Psicodramas
Painel	/	*Role Playing**
Interrogação	/	Simulação e jogos

Quadro 3.1: resumo dos principais métodos pedagógicos

* *Role Playing* é um modelo de ensino que pertence à família das interações sociais, que ajuda os alunos a compreender o comportamento social, o seu papel

nas interações sociais e as formas de resolver problemas de uma forma mais eficaz. É feito via dramatizações.

Além destes métodos, Libâneo (2013, p.189), cita as seguintes atividades especiais como complementares aos diversos métodos pedagógicos: estudo do meio, o jornal escolar, a assembleia de alunos, o grêmio estudantil, o museu escolar, o teatro e a biblioteca escolar, além de outros locais onde se pode aprender, como por exemplo, em uma feira livre.

3.2.1 Interdisciplinaridade, Transdisciplinaridade, Transversalidade e Contextualização

Por que a maioria dos alunos do 1º ao 5º ano do Ensino Fundamental "gosta" da escola e a partir do 6º ano passa a achá-la "chata"? Será por que nos anos iniciais os professores trabalham mais com o lúdico? Será por que nesses anos, normalmente, cada turma tem apenas um ou dois professores que abordam as diversas "Disciplinas", de uma forma mais "interligada"? Será devido às aulas de Educação Artística?

Interdisciplina é o resultado de um conjunto de disciplinas, por exemplo, quando se define a Antropologia como a ciência do homem e de suas obras, ou ainda quando se fala em Engenharia como a ciência relacionando o homem, o espaço físico e os materiais. É a origem da transdisciplinaridade. Piaget "... considera que o estágio final do trabalho Interdisciplinar é a transdisciplinaridade". Alguns autores a consideram como, a meta final para a unificação de todas as ciências humanas, o que pode ser analisado como uma utopia. Os Parâmetros Curriculares Nacionais (PCN) para o Ensino Médio (segundo a LDB de 1996) enfatizam que:

> A interdisciplinaridade deve ir além da mera justaposição de disciplinas e, ao mesmo tempo, evitar a diluição

> delas em generalidades. De fato, será principalmente na possibilidade de relacionar as disciplinas em atividades ou projetos de estudo, pesquisa e ação, que a interdisciplinaridade poderá ser uma prática pedagógica e didática adequada aos objetivos do Ensino Médio.

Na transdisciplinaridade o conhecimento é transversal, pois atravessa ou transpassa todas as disciplinas de alguma forma. Por exemplo, uma metodologia transdisciplinar não aborda o funcionamento do corpo humano apenas a partir da Biologia, mas também da Matemática, Química, Sociologia, Física, etc. Aulas e cursos transdisciplinares exigem muito dos professores.

Pode-se acrescentar que, esta prática é bem adequada, quando aplicada ao Ensino Profissional da Área Industrial, de nível Médio, pois neste caso estar-se-á praticando a todo instante e comprovando-se que, na sua essência o mundo e seus problemas são interdisciplinares e, cada vez mais caminha para a transdisciplinaridade. Embora possam ser criados projetos de pesquisa para quaisquer áreas, é no Ensino Profissional da Área Industrial que aparecem as maiores facilidades e o mais importante é que estes projetos também contemplem as disciplinas de formação geral como: Matemática, Física, Química, Biologia, História e Geografia.

É importante lembrar que, um dos grandes objetivos da interdisciplinaridade é fazer com que o aluno veja um mesmo problema sob diferentes ângulos, pois existem diferentes formas de conhecimento e diversas soluções para um mesmo problema. Com relação à contextualização, os Parâmetros Curriculares Nacionais (PCN, segundo a LDB de 1996), para o Ensino Médio, citam que:

> Todo conhecimento é socialmente comprometido e não há conhecimento que possa ser aprendido e recriado se não se parte das preocupações que as pessoas detêm. O

> distanciamento entre os conteúdos programáticos e a experiência dos alunos certamente responde pelo desinteresse e até mesmo pela deserção que constatamos em nossas escolas.

A realidade, ou melhor, o contexto da vida real tem que ser levado para a sala de aula e a partir desta procura-se desenvolver os conteúdos. Isto é Contextualização.

A transversalidade, através do desenvolvimento dos temas transversais, é uma ótima oportunidade de se praticar, tanto a inter e a transdisciplinaridade, quanto a contextualização. Os temas transversais devem ser abordados, principalmente, de forma a trazer os problemas sociais urgentes para a sala de aula. É muito importante que cada professor, nas suas abordagens de conteúdos, lance mão da transversalidade e mostre como os assuntos estão relacionados a outras disciplinas.

A transdisciplinaridade não significa apenas que as disciplinas colaboram entre si, mas, também, que existe um pensamento organizador que ultrapassa as próprias disciplinas. A transdisciplinaridade é complementar da aproximação disciplinar; ela faz emergir da confrontação das disciplinas novos dados que as articulam entre si e que dão uma nova visão da natureza e da realidade. Para haver a transdisciplinaridade, é preciso haver um pensamento organizador, chamado pensamento complexo. Pela criação de uma meta e não de um ponto de vista. O verdadeiro problema não é fazer uma adição de conhecimento, é organizar todo o conhecimento.

A expressão interdisciplinaridade foi criada por Jean Piaget, durante o I seminário Internacional sobre Pluri e Interdisciplinaridade, que ocorreu em 1970, na Universidade de Nice, na França. Na ocasião foi originalmente utilizada esta palavra, deflagrando uma série de pesquisas sobre seu significado e as implicações por trás desta ideia, estimuladas pelo seu próprio criador.

Segundo o pensador francês Edgar Morin (com 101 anos de idade em 2022): “As disciplinas fechadas impedem a compreensão dos problemas do mundo. A transdisciplinaridade, na minha opinião, é o que possibilita, através das disciplinas, a transmissão de uma visão de mundo mais complexa”. Ainda segundo Edgar Morin (em verdade seu nome é Edgar Nahoum), em palestra em 06/09/2014, no Rio de Janeiro, no Encontro Internacional “Educação 360º” (quando Morin estava com 93 anos de idade):

> Há uma realidade mutilada de nós mesmos. Nas aulas de Biologia eu conheço nosso organismo. Na de Economia, somos traduzidos apenas em números frios. Em Ciências humanas, fico sabendo como agimos em sociedade. Mas há conhecimentos separados de tudo isso, precisamos integrar os saberes.

Disse Morin, insistindo numa ideia que defende há 50 anos: a transdisciplinaridade.

3.2.1.1 A Educação Artística e a Arte como base da Transdisciplinaridade

Toda escola de Educação Básica de excelência, em qualquer lugar do mundo, tem na Educação Artística e na Arte um dos seus pilares, por que não dizer, um dos seus segredos. Da Matemática à Biologia, da Língua Portuguesa à Geografia, é perfeitamente possível explicar conhecimentos e saberes, utilizando a Arte, nas suas mais diversas modalidades, principalmente as Artes Plásticas. É só querer e pesquisar.

A professora Lena Abrantes (70 anos de idade em 2022), há anos lecionando Educação Artística no Ensino Fundamental, no Município do Rio de Janeiro, mostra sua transversalidade, especialmente com a Matemática, a Geografia, a História e as questões ambientais. Por exemplo, quando trabalha a dobradura em papel ou *origami*, fazendo um simples cachorrinho (em papel de revista ou de propaganda), ela mostra conceitos de Geometria plana, além, é óbvio, de adentrar pela Educação Ambiental, até pelo tipo de papel que está sendo utilizado (no caso um papel reutilizado).

O professor José Abrantes, durante anos induziu os alunos do 8^0 ano do Ensino Fundamental do Cap/Uerj, na disciplina de Desenho Geométrico, a realizarem lindas estrelas e mandalas coloridas, a partir do conceito e desenho de polígonos estrelados, adentrando pelo campo da Arte Geométrica.

Mesmo que uma escola não tenha no seu Projeto Pedagógico a prática da inter e transdisciplinaridade, baseada na Educação Artística, qualquer professor, de qualquer disciplina, pode perfeitamente, aprender/ensinar, sua disciplina voltada para as Artes. É só querer. Vai dar trabalho? É claro, mas se queres ser professor/educador, este é um bom caminho.

3.2.2 Recursos didáticos

São os materiais utilizados pelo professor para facilitar e complementar a sua exposição oral. Existem muitos materiais que podem ser utilizados para uma boa aula, dentre os quais os seguintes principais se destacam: livros e apostilas, quadro de giz ou quadro branco, quadro digital (*smart board*), giz (branco e colorido), canetas coloridas, apagador, instrumentos de desenho (como régua, esquadros, compasso, transferidor), folhas de papel, retroprojetor (com transparências), *data show* (projeção digital), máquina de calcular, microcomputador, *tablet*, telefone celular, câmera fotográfica, rádio, gravador e televisão.

Além destes, diversos outros materiais podem (e devem) ser utilizados como recursos didáticos, e que dependem da criatividade e capacidade de improvisação do professor, além, é claro, do tipo de disciplina e conteúdo abordado. Filmes, jogos didáticos e pedagógicos, desenhos, álbum seriado, folha mural (com ou sem cavalete), diversos tipos de embalagens (latas, garrafas e caixas), jornais e revistas, histórias em quadrinhos, mapas, maquetes, fita métrica, barbante, linhas, agulhas, tesouras, estiletes, pincéis, etc.

Ainda existem os recursos didáticos chamados "alternativos", que estão sendo utilizados, cada vez mais, principalmente após as preocupações ambientais relacionadas à reciclagem e reutilização. Embora seja impraticável citar os mais diversos materiais descartados que podem ser utilizados em sala de aula e que depende da criatividade e motivação do professor, uma coisa deve ser esclarecida: a diferença entre reutilizar e reciclar. Reutilizar é utilizar novamente, ou seja, dar uma nova utilidade ou uso a uma coisa sem alterar suas características físicas e ou geométricas. Por exemplo, quando um professor pega uma lata de leite em pó vazia e a utiliza em sala de aula para mostrar a forma de um cilindro, em verdade ele está apenas e simplesmente reutilizando a lata, sem a ter modificado. Por outro lado, quando um professor pega várias garrafas de vidro, as quebra e põe em um forno para obter uma peça multicolorida (após sua fusão ou derretimento), aqui ele está reciclando os vidros, ou seja, ele criou uma nova coisa ou objeto. A palavra reciclar significa criar algo novo, com um novo ciclo de vida, já que produtos têm um ciclo de vida. As garrafas passaram a ter uma nova "vida", agora como, por exemplo, um prato.

3.3 As Redes Colaborativas de Aprendizagem

São definidas como: um ambiente social, cultural, intelectual e psicológico que promove e sustenta a aprendizagem enquanto processo social, baseado na partilha de recursos e construção solidária de saberes, formado por um conjunto de pessoas em interação animadas de um comprometimento mútuo, de um sentimento de pertença e identidade.

A aprendizagem colaborativa é um recurso na área de educação, que surge da necessidade de inserir metodologias interativas entre o aluno, ou usuário, em conjunto com o professor para que estabeleçam buscas, compreensão e interpretação da informação de assuntos determinados. O elemento essencial das comunidades de aprendizagem é a tendência a aprender trabalhando juntos, o professor e o estudante, para melhorar a educação.

Normalmente surge de uma estratégia de ensino e na qual os alunos de vários níveis de performance passam a trabalhar juntos em pequenos grupos tendo uma única meta que proporciona a interatividade.

Ela coloca os membros de uma comunidade em contato, de modo que eles possam contribuir com seus conhecimentos. O processo de ensino-aprendizagem não está somente envolvendo a ligação professor/aluno, mas sim todos aqueles que fazem parte do grupo de aprendizagem. Ou seja, os formandos aprendem com os seus pares e contribuem para a aprendizagem deles. Recorre nomeadamente à aprendizagem via Internet onde podemos ter a interação, a construção do conhecimento a discussão e a reflexão, sempre com um fim comum que é a aprendizagem. Aqui não se está falando em Educação a Distância – EaD, já que nas Redes o ambiente virtual coloca o aluno como centro do processo, enquanto o ensino a distância está baseado na construção do conhecimento do indivíduo em aprender. Nas Redes Colaborativas ocorre o processo de aprendizagem social, onde todos trabalham em grupo. Tanto professores quanto estudantes interagem juntos, independente do lugar, já que faz por intermédio do computador.

Uma Rede Colaborativa de Aprendizagem, em verdade, é uma rede de relações, entre indivíduos ou grupos de indivíduos, que se baseia fundamentalmente em processos colaborativos mediados por tecnologias de informação. No caso aplicado à aprendizagem, trata-se da busca por formas mais interativas e cooperadas, nas quais alunos e professores estão engajados em tarefas comuns, mesmo que separados espacial e em muitos casos também temporalmente.

A aprendizagem colaborativa é a base sobre a qual são propostas as tarefas, desafios e problemas a superar. Um ambiente interativo fornece as ferramentas e recursos necessários para que alunos e professores colaborem, somem forças e realizem as ações propostas. Redes locais ou a própria Internet servem de meio para as trocas comunicativas entre os agentes da aprendizagem. Textos, imagens e materiais multimídias podem ser utilizados como suporte para os conteúdos, mas o modelo privilegia mais a interação e a colaboração do que o autoensino centrado em cursos prontos.

O processo de educação pressupõe a comunicação e esta não pressupõe necessariamente a presença, mas é necessária a interação. A presença pode ser ativa ou passiva, enquanto a interação é sempre uma ação que envolve os dois lados de um processo de comunicação. Se somente um dos lados toma a ação, não temos uma interação e, portanto, não temos comunicação. No presencial, isto também acontece com muita frequência.

A aprendizagem em rede, antes de ser um problema de tecnologia e comunicação, é um desafio de mudança. Toda a tecnologia atual aliada à competência dos educadores é que criarão um ambiente favorável. A tecnologia não opera milagres, nem produzirá sozinha as transformações no ensino. Se quisermos mudar a educação, a tecnologia pode ajudar, mas teremos que ser nós os agentes de mudança. O menos importante é levar em consideração a plataforma tecnológica, mas é fundamental avaliar se o conteúdo está claro e a forma da mensagem está agradável e retém o interessado.

3.4 A Universidade Aberta do Brasil - UAB

O Projeto Universidade Aberta do Brasil - UAB, foi criado pelo Ministério da Educação, em 2005, sendo gerenciado pela CAPES (Coordenadoria de Aperfeiçoamento do Ensino Superior). Trata-se de uma parceria entre consórcios públicos nos três níveis governamentais (federal, estadual e municipal), com participação das universidades públicas e demais organizações interessadas. Trata-se da oferta de ensino superior a distância, com a finalidade de expandir e interiorizar a oferta de cursos e programas de educação superior no País. Nos municípios que desejam participar são montados Polos de Apoio Presencial (PAPs), que possuem salas de aula, laboratórios didáticos, tutores para os alunos, biblioteca e outros recursos.

Em dezembro de 2009, a UAB tinha 88 instituições de ensino superior participantes, 679 polos, e oferecia 441 cursos de graduação, 155 cursos de aperfeiçoamento e 213 cursos de especialização, tendo atingido cerca de 140.000 alunos em todas as modalidades. Não são oferecidos cursos de mestrado e doutorado pela UAB.

Devido a exigências da legislação brasileira do ensino superior, a UAB não é uma universidade aberta verdadeira, pois existem requisitos e exames de ingresso (vestibular) para os cursos em nível de graduação, e processo seletivo para a maioria dos cursos de pós-graduação.

3.5 Metodologias Ativas de Aprendizagem aplicadas à Educação a Distância

Em princípio, todas as teorias e métodos pedagógicos aplicados no ensino presencial, podem ser também utilizadas na Educação a Distância. O grande desafio é como aplicar cada teoria e método, a cada um dos diferentes níveis e objetivos de ensino/curso. É um grande desafio, transferir para a forma digital, a forma como o professor apresenta os conteúdos em sala presencial. Esses aspectos têm que estar claramente detalhados no Projeto Pedagógico do curso e nível em questão.

Metodologia ativa de aprendizagem é um processo educativo que possui como principal característica a inserção do aluno como agente principal responsável pela sua aprendizagem, comprometendo-se com seu aprendizado. O processo de educar mudou, deixando de ser baseado na mera transmissão de conhecimentos, ou melhor, de informações.

Segundo a professora e psicóloga Sandra Rodrigues (http://porvir.org/como-aplicar-aprendizagem-ativa-na-educacao-distancia/. Acesso em 24/11/2017):

> A aprendizagem ativa ocorre quando o aprendiz interage com o tema em estudo, lendo e perguntando sobre ele, relacionando o que encontra com o que já sabe, levantando hipóteses e dizendo o que pensa. Essas ações estão relacionadas à motivação, envolvimento e engajamento. Nesse caminho, o estudante reflete sobre o que está pensando e, numa espécie de checagem, avalia o que já sabe e decide se precisa ou não de mais *inputs* para compreender um novo conceito ou responder a uma indagação. Essa reflexão sobre o próprio conhecimento e o processo pessoal de aprendizagem é o que chamamos de metacognição.

De acordo com a professora Andrea Ramal, da PUC-Rio, após participar do 23º Congresso Internacional da Associação Brasileira de Educação a Distância, em setembro de 2017:

> As metodologias ativas vieram para ficar, embora revolucionar a sala de aula não implique necessariamente abandonar por completo o modelo tradicional. Ensinar na cibercultura requer estimular o estudante a se envolver com o conhecimento e aprender de forma cada vez mais proativa, o que depende da integração de estratégias didáticas, de acordo com cada objetivo pedagógico. Ou seja, não se trata de usar métodos ativos por mero

> modismo ou por pura experimentação, no improviso. Para cada estratégia didática, há metodologias mais apropriadas do que outras, com resultados específicos.
>
> Por exemplo, se o professor busca problematizar questões e desenvolver competências ligadas à postura investigadora, reflexão crítica e busca de soluções criativas, o PBL (aprendizagem baseada em problemas) e os estudos de caso costumam funcionar bem. Se pretende reforçar competências de relacionamento interpessoal, capacidade de diálogo, respeito às diferenças ou habilidades de comunicação, as dinâmicas de grupo podem ser eficazes. Atividades de simulação e de laboratório seriam preferíveis para a experimentação de conhecimentos práticos. Nessa diversidade de métodos há lugar para a arte, como por exemplo, em trabalhos com *role playing*, encenações teatrais ou apresentações musicais. E, por que não, para a exposição do professor, seja em videoaulas ou presencialmente, quando se requer expor um conteúdo ou explicar uma resolução de um desafio para todo o grupo. Tudo muito bem encadeado por uma trilha de aprendizagem consistente e mais personalizado possível.

Ainda se referindo ao Congresso, Andrea Ramal complementou:

> No congresso, confirmei uma tendência para modelos híbridos, nos quais o estudante tenha atividades a distância, com vídeos e exercícios interativos, e também encontros presenciais. Esse movimento valoriza o professor, que pode aproveitar os momentos com a turma para atividades mais ricas do que exposição de conteúdos, como debates, orientações e avaliações.

> O desafio da educação a distância dos próximos anos, para implementar plenamente as metodologias ativas, está menos nas tecnologias e mais nas competências de alunos e professores. Do aluno, precisaremos mais autonomia, autodisciplina e uma certa maturidade. Do professor, que atue como um arquiteto cognitivo, selecionando os melhores materiais e estratégias para cada momento da trilha de aprendizagem.

Existem diversos modelos de metodologias ativas, dentre as quais as seguintes se destacam: estudos de caso, aula laboratório, trabalhos em grupos, simulações e aprendizagem baseada em problemas ou projetos, a PBL*. O sucesso de qualquer uma delas, no entanto, depende de uma radical mudança na atuação do professor em sala de aula, bem como da família, principalmente na Educação Básica, em especial no Ensino Fundamental.

*PBL é uma sigla em inglês, *Problem Based Learning*, que significa a Aprendizagem Baseada em Problemas (ABP). É a construção do conhecimento a partir da discussão em grupo de um problema.

Essa metodologia pedagógica quebrou o paradigma de aula tradicional, com disciplinas curriculares separadas umas das outras, com rígido controle de presença e provas. O aluno estuda sozinho determinado assunto antes da aula, anotando todas as suas dúvidas. Na aula, presencial ou não, acontecem discussões sobre os problemas apresentados, realizadas em grupos, formados por no máximo 10 alunos, e não mais por turmas enormes. A participação de cada aluno se torna essencial, incentivando o trabalho em grupo e a comunicação.

A Aprendizagem Baseada em Problemas ou PBL promove a interdisciplinaridade, como prevista nas Bases Nacionais Comuns Curriculares – BNCCs, dos Ensinos Fundamental e Médio.

3.6 Tipos de "Escolas" e tipos de ensinos presenciais, na Educação Básica

Do ponto de vista do ensino presencial, o autor entende que existem tipos de "Escolas", na Educação Básica, com seus métodos característicos de ensino, diferentes da Escola clássica e tradicional, que são maioria esmagadora no Brasil (em 2022). As clássicas são Escolas com turmas com até 30 alunos, divididas por séries, com cada turma em uma sala de aula, onde existem provas bi ou trimestrais, provas finais e provas de segunda época ou de recuperação. A seguir são comentados dois tipos de "Ensinos" presenciais diferentes dos tradicionais. Também é analisado o uso do computador e da Internet no ensino presencial.

3.6.1 Educação e "Escolas alternativas" (escolas não tradicionais)

O movimento das escolas alternativas começou nos Estados Unidos já na década de 1890, tendo sido influenciadas fortemente pelo pensamento utópico do século XIX (1801 a 1900). Mesmo surgindo em várias formas diferentes, eles enfatizavam que a autonomia de direcionar os próprios estudos era muito mais benéfica à aprendizagem do que o relacionamento hierárquico entre professor e aluno. Estas escolas quebram o conceito clássico de aulas em salas fechadas, com o professor falando na frente de um grupo de alunos sentados. Livros e avaliações padronizadas não eram parte do método inicial das escolas alternativas.

Muitas escolas alternativas dividem traços comuns. Normalmente, as turmas têm no máximo 15 alunos e a escola, como um todo, tem poucas turmas, ou seja, são escolas com poucos alunos. No Brasil existem várias escolas deste tipo, tanto particulares, quanto públicas, sendo mais comum nas zonas rurais relativamente próximas a grandes cidades. Esse tipo de escola costuma variar em tamanho, localização e propósito, sendo que algumas são administradas em conjunto com organizações comunitárias. Algumas ainda têm um foco maior na intervenção comportamental para estudantes que tenham dificuldades de ajuste a estruturas sociais (os chamados alunos transgressores).

A atuação dos professores é diferente das escolas "normais" ou tradicionais, já que além de saber ensinar, têm que interagir com os alunos, sendo uma espécie de educador/assistente social. Os professores se concentram nas necessidades dos alunos e desenvolvem currículos e conteúdos programáticos que atendam às expectativas e estilo de aprendizagem de cada um, individualmente. Fica patente que, para este tipo de escola ser viável, o professor tem que ter total comprometimento, tanto com o ensino, quanto com os alunos e a sociedade. Nestes tipos de escolas duas correntes ou métodos pedagógicos se destacam: a de Steiner e a de Montessori.

Waldorf Rudolf Steiner (1861-1925) criou seu método em 1919, com base no conceito de que o desenvolvimento de cada pessoa é diferente entre si e assim o ensino deve levar em conta as diferentes características de cada pessoa, nomeadamente segundo sua idade aproximada, mas não só. Um mesmo assunto que se pretende ensinar é assim abordado várias vezes, mas nunca da mesma maneira, e sempre respeitando a capacidade de compreensão de cada um. Para atingir a formação do ser humano, a Pedagogia atua no desenvolvimento físico, anímico e espiritual do aluno, incentivando o querer (agir) por meio da atividade corpórea das crianças em quase todas as aulas. O sentir é estimulado na constante abordagem artística e nas atividades artesanais específicas para cada idade. O pensar é cultivado paulatinamente, desde a imaginação incentivada por meio de contos, lendas e mitos, no início da escolaridade, até o pensar abstrato rigorosamente científico, por exemplo, no Ensino Médio.

Entende-se que o jovem, cada vez mais, precisa ser articulado e capaz de se comunicar claramente, tanto se abrindo para o que os outros têm a dizer como encontrando a melhor forma para expressar seus pensamentos ao mundo. Para tanto, a Pedagogia Waldorf permanece revolucionária até os dias de hoje.

O método criado por Maria Montessori (1870-1952) enfatiza atividades autodirecionadas por parte da criança na qual o educador facilita momentos de descoberta em lugar de administrar um currículo definido. Escolas democráticas deixam alunos e professores definirem e votar as políticas da escola. Mesmo que a noção pareça anárquica, as responsabilidades transferem às crianças um senso de empoderamento e investimento na própria educação.

O método Montessori compreende: a) Sala de aula com crianças de idades variadas entre 3 e 6 anos de idade; b) Liberdade de escolha para o aluno escolher entre as atividades propostas; c) Blocos ininterruptos de trabalho, normalmente três horas; d) Um modelo construtivista, onde as crianças aprendem trabalhando com materiais, ao invés de instruções diretas; e) Materiais educacionais especializados, desenvolvidos por Maria Montessori e seus colaboradores; f) Liberdade para movimentar-se dentro da sala de aula e g) Um professor treinado no Método Montessori.

Existem muitas escolas ditas alternativas, sendo a mais citada a Escola da Ponte, em Portugal. No Brasil existem várias, e no Rio de Janeiro existia, em 2022, por exemplo, a Escola Comunitária Municipal Vale de Luz, no Bairro de Conselheiro Paulino, em Nova Friburgo.

3.6.2 As Escolas Inovadoras. A Escola da Ponte, em Portugal. Os projetos GENTE e Âncora. Escola Municipal de Ensino Fundamental Desembargador Amorim Lima

José Francisco de Almeida Pacheco (71 anos de idade em 2022), é licenciado em Ciências da Educação pela Faculdade de Psicologia e de Ciências da Educação da Universidade do Porto e mestre em Educação da criança pela mesma universidade. Embora não goste que assim se fale, de fato, é o idealizador da Escola da Ponte, em Portugal, que rompeu a ideia da escola tradicional, criando uma sem séries, ciclos, provas, paredes e muros. Sua proposta não é feita só com um professor, conta com a participação de toda a equipe, que se mobiliza para ousar e fazer uma educação diferente. Crítico, ele defende que, em vez de avaliações e *rankings*, sejam criadas comunidades de aprendizagem, onde os alunos vão construindo seus conhecimentos, uns com os outros. Para ele, não dá mais para se pensar em salas de aula com um professor falando para os alunos enfileirados. É de Pacheco a afirmação: "Aula não ensina, prova não avalia".

Desde 2011, após se aposentar como professor em Portugal, José Pacheco está radicado no Brasil, onde em São Paulo, e desde 2012, ajudava a coordenar o Projeto Âncora, na cidade de Cotia, em São Paulo.

A Escola da Ponte, em Portugal, desenvolveu um método pedagógico no qual é valorizado o conhecimento do aluno. "Não temos séries, nem ciclos, nem classes, nem nível, nem nada, porque isso não tem fundamento científico", afirma José Pacheco. É um marco pedagógico de diferenciação do modelo de escola dito "tradicional" estudado, admirado e até parcialmente adotado em várias partes do Mundo, inclusive no Brasil. Em 2013, já existiam mais de mil projetos semelhantes no mundo, que seguiam as práticas adotadas na Escola da Ponte. "Não é clonagem, as escolas não são réplicas, mas se inspiraram na Ponte, e cada uma faz um melhor trabalho do que fazia antes, mudando sua forma de trabalhar", diz José Pacheco. Por diversos motivos, em 2021, inclusive financeiros, a ideia original da Escola da Ponte foi modificada, em relação à concepção original.

A Escola Básica da Ponte ou Escola da Ponte ou Escola Básica Integrada de Aves, São Tomé de Negrelos, popularmente referida apenas como Escola da Ponte, é uma instituição pública portuguesa de ensino, localizada em Vila das Aves e São Tomé de Negrelos, em Santo Tirso, no distrito do Porto, que proporciona aprendizagens a alunos do 1º e 2º Ciclo, dos 5 aos 13 anos, entre o 1º e o 9º ano, cujo método de ensino se baseia nas chamadas Escolas Democráticas. O seu endereço completo é: Rua José Luís de Andrade, 4795-638. São Tomé de Negrelos, Santo Tirso, Portugal. (https://www.escoladaponte.pt/).

A Escola da Ponte faz parte integrante do chamado Movimento da Escola Moderna (MEM) alicerçado nas ideias pedagógicas do francês Célestin Freinet (1896-1966), e em 2002 era considerado, pelo presidente do referido movimento em Portugal, o único exemplo acabado dos seus princípios que são "uma escola democrática, para todos, em que se dá protagonismo ao aluno". A Escola da Ponte segue igualmente muito do pensamento apresentado pelo grande mestre brasileiro Paulo Freire, baseando-se em valores como solidariedade, autonomia e responsabilidade.

O Projeto Escola da Ponte surgiu em 1976, sendo liderado pelo professor José Pacheco. É uma escola com práticas educativas alternativas, que se afastam do modelo tradicional, inserindo-se no método de ensino chamado de indireto. Esta Escola tem como máxima ensinar a liberdade responsável e a solidariedade. Os alunos são educados para serem cidadãos, exercitando a cidadania. São chamados a praticar a democracia dentro da própria escola, como cidadãos autônomos. Na prática, tal como numa democracia direta, organizam assembleias gerais e debates para resolverem problemas de disciplina e outros entre eles. O aluno, e mesmo o professor que desrespeitar as regras, predeterminadas por eles mesmos, é convidado, perante todos, a refletir e pronunciar-se sobre seu comportamento dentro da escola.

O espaço é estruturado de modo que todos possam trabalhar com todos. Nenhum aluno é de apenas um professor, nem um professor é só de alguns alunos. É uma escola sem turmas. Não existem salas de aula, no sentido tradicional, mas sim espaços de trabalho, onde são disponibilizados diversos recursos, como: livros, dicionários, gramáticas, Internet, vídeos, etc., ou seja, várias fontes de conhecimento. A aprendizagem desenvolve-se em pequenos grupos de alunos com interesse comum por um assunto, que se reúnem com um professor e, todos juntos, estabelecem um programa de trabalho de 15 dias. O professor dá orientação sobre o que as crianças e jovens devem pesquisar e onde e, ao fim de 15 dias, elas fazem uma avaliação do que aprenderam. Se os resultados forem positivos, o grupo dissolve-se e é formado outro para estudar um novo tema ou disciplina. A Escola da Ponte trabalha seguindo a lógica de projetos de pesquisas e trabalho em equipe, estruturando-se a partir das interações entre os seus membros e a comunidade.

Já que a Escola da Ponte não tem "provas", como é feita a avaliação dos alunos? Esta é uma das principais perguntas que surge quando um professor de uma escola "tradicional" lê e procura entender como a Escola funciona. Segundo Pacheco e Pacheco (2012, p.63):

> Na Escola da Ponte são os alunos que escolhem o que querem aprender em determinado momento. Essa escolha é feita a partir de listagens de objetivos, com a orientação do professor-tutor (no momento de planificação quinzenal) e demais orientadores educativos. Ao longo deste ano, os alunos desenvolveram também projetos que surgiram das suas necessidades, interesses e curiosidades. As respostas encontradas para as questões por eles levantadas concretizaram-se em aprendizagens significativas.
>
> Além de os alunos escolherem o que querem aprender, estes geram (com maior ou menor autonomia) o seu trabalho diariamente, em função do que haviam programado no plano da quinzena: prevêem momentos para desenvolver tarefas, mobilizando os instrumentos necessários para a sua concretização (manuais, computadores, materiais de laboratório, leitor de CD...). Já que foi o aluno a traçar as suas próprias metas, este não precisará do orientador educativo para saber se cumpriu, ou não, os objetivos delineados, assim como não precisará esperar que o professor estipule um dia para ser avaliado, é o aluno que solicita a sua avaliação por meio do "Eu já sei".

A instituição surgiu do desejo de se fazer uma escola que respeitasse as diferenças individuais dos alunos. Em 1976, as respostas a algumas interrogações deram origem a profundas mudanças na organização da escola, na relação entre ela, instituição, e os encarregados de educação dos alunos e nas relações estabelecidas com diferentes parceiros locais. Em 2000, a Escola da Ponte estava classificada como uma Eco-Escola, exibindo na fachada uma bandeira azul da Europa, um símbolo que premia o exemplo que representa ao nível da sensibilização para a preservação ambiental.

A, então, Secretária de Estado da Educação de Portugal, Prof.ª Mariana Torres Cascais, por despacho interno de 26 de Março de 2003, deliberou a celebração de um protocolo contratual com a Faculdade de Psicologia e de Ciências da Educação da Universidade de Coimbra: "tendo em vista a elaboração de um estudo de avaliação do projeto educativo da Escola Básica Integrada das Aves/S. Tomé de Negrelos". Esse trabalho foi concluído em Junho do mesmo ano, cujos resultados foram não só positivos como provaram a excelência de ensino apresentando os valores atingidos pelos alunos superiores comparativamente às médias à escala regional e à escala nacional.

Em 14 de Fevereiro de 2005, a Escola da Ponte assinou o contrato de autonomia com o Ministério da Educação de Portugal e foi o primeiro do país para uma escola pública de ensino não superior. Ela integrou um dos dez estabelecimentos de ensino europeus selecionados para o "Guia de Experiências Inovadoras", que foi lançado em 18 de Junho de 2006, em Barcelona, Espanha, pelos seus bons exemplos de combate ao insucesso e abandono escolares.

Em 4 de Junho de 2012, a Escola da Ponte recebeu um grupo de trabalho dos currículos, integrado na Comissão de Educação Ciência e Cultura da Assembleia da República de Portugal. Apesar da Comissão de Avaliação Externa ter tecido rasgados elogios à Escola da Ponte e recomendar obras de alargamento para dar continuidade ao projeto, o Ministério da Educação ignorou o parecer, rejeitando a continuação extensiva ao 3º ciclo (equivalente ao Ensino Médio no Brasil), através de um novo despacho em Julho de 2012. Esta decisão foi confirmada pelo ministro da Educação, David Justino, em reunião em conjunto com uma descontente associação de pais. A propósito, em Portugal, a "Associação de Pais da Escola da Ponte" é uma referência a nível nacional, sendo que no início de cada ano letivo, são eleitos os representantes dos Encarregados de Educação da Escola da Ponte, que organizam reuniões semanais de debate sobre a escola. Este é um dos grandes diferenciais da Escola: a efetiva participação dos responsáveis pelos alunos.

No Brasil, há anos existem escolas ditas inovadoras e até com a mesma metodologia da Escola da Ponte em Portugal. Dentre os diversos exemplos no Brasil, as seguintes escolas inovadoras podem ser citadas: o Projeto Âncora*, em Cotia, São Paulo o Projeto GENTE, no Rio de Janeiro e a Escola Municipal de Ensino Fundamental Desembargador Amorim Lima, localizada em São Paulo, na Rua Professor Vicente Peixoto, 50, Vila Indiana, no Butantã, e que segue a filosofia básica da Escola da Ponte, em Portugal. Essa Escola foi visitada pelo professor José Abrantes em 2014, o que muito o impressionou e emocionou. Abrantes passou cerca de três horas na escola, sendo acompanhado, em momentos diferentes, por alunas entre 10 e 12 anos de idade. Foram elas que lhe mostraram e explicaram tudo. Dentre as várias "coisas" diferentes, das escolas tradicionais, duas chamaram a atenção do professor, que na época trabalhava com alunos do 8º ano do Ensino Fundamental no Cap/Uerj: um jogo de futebol de quadra, com meninos e meninas misturados e alunos subindo em árvores, colhendo e comendo frutas.

* Em 2021, para além dos problemas trazidos pela pandemia do Coronavírus, o Projeto Âncora, praticamente, foi interrompido, por dificuldades financeiras.

O Projeto GENTE é outro bom exemplo de que é possível uma outra forma de ensinar/aprender. Este Projeto vem da Secretaria Municipal de Educação do Rio de Janeiro, com o Ginásio Experimental de Novas Tecnologias Educacionais – GENTE, que foi iniciado no segundo semestre de 2013, na Escola André Urani, na comunidade da Rocinha. Lá, alunos dos 7º, 8º, e 9ºanos, do Ensino Fundamental, dividem a mesma sala de aula, orientados por professores com conhecimentos multidisciplinares. Em 2016 eram 240 alunos. As paredes sumiram, assim como as carteiras enfileiradas e os quadros-negros. Cada aluno escolhe a tarefa que deseja realizar, sozinho ou em grupo. O Projeto é inspirado no exemplo da Escola da Ponte, em Portugal, e também em colégios experimentais da Europa, Estados Unidos e América Latina.

O objetivo do Projeto GENTE é repensar o que é a instituição Escola. Os principais pilares da proposta são: ensino personalizado, projetos transdisciplinares, avaliação baseada em competências, uso de tecnologia digital e um currículo expandido para a criação do eu e do meio com habilidades cognitivas e não cognitivas. A proposta é mudar o conteúdo, o método e a gestão. Não existem turmas, anos ou salas de aula. *Tablets* e *smartphones* fazem parte do material escolar dos alunos e docentes. O conteúdo, as habilidades e as competências serão desenvolvidos nas aulas digitais da Educopédia, a plataforma que inclui material de suporte para professores, como sequências didáticas com jogos digitais, vídeos e testes. As provas serão aplicadas por meio do sistema avaliativo "Máquina de Testes" e a correção será automática, com resultados imediatos.

Na Escola Municipal de Ensino Fundamental Desembargador Amorim Lima, em São Paulo, cada aluno tem um educador tutor. Esse educador é responsável pela avaliação do progresso do estudante. Normalmente, cada professor da escola é responsável por cerca de 20 alunos por período. E, uma vez por semana, o tutor tem um encontro de cinco horas com seus tutorandos. Nos demais dias, se o tutorando tiver problemas, pode procurar o seu tutor. E, de maneira geral, eles também se encontram no "Salão".

Cada aluno recebe ao longo do ano apostilas com roteiros de pesquisa. Cada roteiro tem cerca de 18 objetivos, ou seja, perguntas ou tarefas que devem ser respondidas ou desenvolvidas pelo estudante. Os roteiros e seus objetivos são desenvolvidos a partir dos livros didáticos recebidos pelo estudante, e as perguntas que o estudante deve responder exigem que eles pesquisem em vários livros ao mesmo tempo (de português, de ciências, de geografia, de história, etc.).

Dois grandes grupos de salas de aula tiveram suas paredes literalmente derrubadas. Assim, criaram-se dois grandes salões. Em um "Salão" ficam os alunos dos anos iniciais (1^0 ao 5^0 ano) e no outro os alunos dos anos finais (6^0 ao 9^0 ano). Esses alunos sentam-se em mesas de quatro lugares para realizarem as suas pesquisas em grupo e responderem, individualmente, seus objetivos (dos roteiros). Não há aulas expositivas (a não ser as aulas de matemática, inglês e de oficina de texto). Os professores, cerca de cinco ou seis, circulam pelo salão para ajudar os alunos em suas dúvidas e explicar alguns conceitos se isso se fizer necessário. É importante saber que não necessariamente os alunos sentados juntos em uma mesa estão desenvolvendo as pesquisas de um mesmo roteiro. Isso acontece porque cada aluno decide a ordem em que quer fazer os roteiros. Assim, um estudante pode ter escolhido começar pelo roteiro Biografia e o outro colega de mesa pode ter escolhido começar o ano pelo roteiro Corpo Humano, por exemplo.

Quando acaba de preencher o seu roteiro, o aluno escreve um portfólio, com tudo que aprendeu com aquele roteiro e entrega para o tutor, que avalia se ele pode receber a apostila seguinte, com os demais roteiros. Não há provas. O progresso do conhecimento é avaliado pela qualidade dos portfólios e pela participação do aluno na escola.

O novo Projeto Político Pedagógico da Escola Amorim, foi iniciado em 2002, a partir da constatação de uma série de problemas como falta de professores, evasão de alunos e repetências. O novo PPP foi definido, tendo como principais valores a autonomia moral e intelectual de todos os envolvidos (estudantes, educadores, comunidade), o respeito entre as pessoas e a solidariedade, apoiados em uma elaboração cultural e na construção e dedicação ao conhecimento. A atuação privilegiada é a grupal, buscando um compromisso coletivo de engajamento que propicie a participação democrática e seja fundamentado na responsabilidade individual e na concepção de espaço público. "Todos são responsáveis por todos", afirmou na época, a diretora Ana Elisa de Siqueira. Para tanto, fez-se necessário investir numa formação conjunta dos educadores, obtida através de práticas compartilhadas de planejamento e gestão educacional e de sala de aula.

O novo PPP visa uma gestão democrática da escola, por meio de diversas comissões, tendo como pilar central o Conselho Pedagógico. Na prática, pode-se observar modificações profundas na forma como são conduzidas a escola e as aulas.

Em dezembro de 2015 foi aprovado, por unanimidade, no Conselho Municipal de Educação, o Projeto Político Pedagógico Amorim Lima como Projeto Especial da Rede Pública Municipal de São Paulo. Na ocasião, o Ministério da Educação (MEC) reconheceu 178 instituições educacionais brasileiras, entre organizações não governamentais, escolas públicas e particulares, como exemplo de inovação e criatividade na educação básica, e o Amorim Lima foi uma delas.

3.6.3 A Educação Domiciliar ou *Homeschooling*

A educação domiciliar é uma modalidade de ensino em que pais ou tutores responsáveis assumem o papel de professores dos filhos. Assim, o processo de aprendizagem dessas crianças é feito fora de uma escola. No Brasil, em 2021, o fenômeno *homeschooling* já era praticado com 18 mil alunos, que representavam apenas 0,04% do total de estudantes no país.

Segundo declarou em 2020, Pedro Hollanda, secretário adjunto da Secretaria Nacional da Família, do Ministério da Mulher, da Família e dos Direitos Humanos, dois mecanismos do texto do decreto de lei que regulamentará a educação domiciliar merecem ser destacados: a) os que versam sobre o cadastro das crianças no Ministério da Educação e b) o processo de avaliação.

Segundo Hollanda, as famílias terão de fazer um cadastro via plataforma, na Internet, na qual elas vão inserir uma série de informações relativas à criança, como idade, vínculo com a criança, certidão criminal (?), plano pedagógico individual, caderneta de vacinação atualizada, enfim, documentos que já estão previstos no texto da lei e que visam dar mais segurança (?) para a sociedade como um todo, pontua o secretário. Hollanda complementou: em relação às avaliações, elas vão ocorrer anualmente com possibilidade de recuperação. É uma avaliação que ocorre como no ambiente escolar, ou seja, desde o segundo ano do Ensino Fundamental até o último ano do Ensino Médio. É o princípio da isonomia entre o estudante da escola e aquele que aprende com a educação domiciliar.

Para Pedro Hollanda, o projeto de lei também visa dar segurança jurídica às famílias que optam pela educação domiciliar. Ele complementa: hoje, muitos pais que optam por esse tipo de aprendizado são denunciados e o Conselho Tutelar e o Ministério Público atuam juntos nessa questão. Essas famílias, inclusive, são condenadas judicialmente a matricular seus filhos na escola. O termo é justamente esse, pois as famílias são condenadas a matricular os filhos em até tantos dias, caso contrário, elas correm o risco de, por exemplo, perder a guarda da criança, ressalta.

Em 16 de dezembro de 2020, o governador do Distrito Federal sancionou a lei que instituiu a Educação Domiciliar, com validade a partir de fevereiro de 2021. No resto do país esse tipo de ensino era proibido. Observa-se que, em setembro de 2018, o Supremo Tribunal Federal – STF, entendeu não haver uma lei que regulamente esse tipo de ensino. Em abril de 2021, o Presidente da República mandou mensagem para o Congresso, para iniciar a tramitação do projeto de lei, que regulamentará a Educação Domiciliar no Brasil.

Observa-se que, devido à pandemia do Coronavírus, em 2020, as aulas presenciais foram interrompidas no Brasil, passando-se às aulas remotas, com uma maior participação dos pais na Educação dos filhos, especialmente os do Ensino Fundamental. Esse acontecimento deu uma forte contribuição, em defesa da Educação Domiciliar, influenciando o governo e os parlamentares que são a favor desse tipo de ensino.

Quais as vantagens e desvantagens da Educação Domiciliar? Para além da preocupação com a Educação dos filhos, existe alguma ideologia por trás desse movimento de Educação sem escola? Observa-se que, tanto entre os que apoiam, quanto os que são contra, existem muitos professores e especialistas notáveis em Educação.

Argumentos a favor: - Baixa qualidade do ensino no Brasil; - O ensino não é focado, apenas, em provas e avaliações; - Por ser, praticamente, individualizado, o aprendizado é maior; - Os pais entendem que as crianças estão mais seguras em casa, do que na escola e - Os pais entendem que, nas escolas, existe uma doutrinação ideológica dos professores.

Argumentos contrários: - Os pais não, necessariamente, têm formação como professor; - Falta de convívio social, com outros alunos da mesma idade; - Alunos (filhos) podem sofrer abuso (inclusive sexual) em casa, sem que se saiba; - Fica difícil comprovar o cumprimento das Diretrizes Curriculares Nacionais e - As famílias que apoiam, são conservadoras, impedindo que seus filhos tenham contatos com outras realidades, que não às restritas aquele círculo familiar. Essas famílias, em geral, não toleram a diversidade sociocultural do Brasil.

3.7 O computador e a Internet na escola presencial

Muitas escolas do Brasil, em 2021, já possuíam um laboratório de informática com acesso à Internet, *softwares* educacionais e programas básicos (editores de texto, programas de edição de imagens e apresentações, planilhas de cálculo, etc.). Basta ter os recursos? Como utilizá-los de maneira a garantir o desenvolvimento do aluno? Estas são apenas algumas questões levantadas por muitos educadores.

Em primeiro lugar, tem-se que ter em mente que o computador é apenas uma ferramenta ou mais um recurso didático, tal e qual uma lousa. Sozinho, ele não é capaz de trazer avanços educacionais. Uma escola que resolve utilizá-lo como recurso didático necessita de bons professores, preparados e treinados, para utilizar os recursos oferecidos por este sistema tecnológico de forma significativa. Simplesmente disponibilizar qualquer *software* para os alunos usarem não gera aprendizado. A escola tem que ter um Projeto Pedagógico que envolva a utilização do computador e seus recursos. O aluno não pode ser um mero digitador, mas sim, ser estimulado a produzir conhecimentos com o uso do computador. Neste sentido, o professor deve agir como um orientador do projeto que está sendo desenvolvido.

O mesmo ocorre com o uso da Internet. De nada adianta pedir para um aluno fazer uma pesquisa na rede sem as devidas orientações. Cabe ao professor instruir os alunos para que não façam simples cópias de textos encontrados em *sites*. Apenas copiando, os alunos não vão aprender, além de poder configurar plágio ou crime de direito autoral. As orientações devem ser no sentido de como elaborar uma pesquisa, como encontrar *sites* confiáveis, como gerar conhecimentos com o material pesquisado, etc.

Outro ponto importante é o incentivo à criação. O aluno não deve ser colocado de forma passiva diante do computador. As ferramentas tecnológicas devem servir de base para a criação. Uma planilha de cálculos, por exemplo, pode ser usada para um trabalho de Matemática com dados estatísticos, criando fórmulas e gerando gráficos. Um editor de textos pode ser usado para a criação de um jornal com notícias e informações sobre o conteúdo de uma disciplina. O programa de apresentação *Power Point* pode possibilitar a elaboração de aulas com imagens, sons e outros elementos multimídia, feitos pelos alunos.

O computador não deve ser a figura principal da educação, mas sim, mais um bom recurso didático, como já o foram (e ainda são), a lousa, o quadro branco e os painéis em cartolina (*flip chart*). Computador é mais uma ferramenta, ou melhor, mais um recurso à disposição de uma boa educação.

Com relação ao uso do computador e da Internet na escola, vale a pena citar um trecho da entrevista do educador Edgar Morin, publicada em 17/08/2014, no Jornal O GLOBO, Caderno Sociedade, página 50, pela jornalista Andrea Rangel:

> A figura do professor é determinante para a consolidação de um modelo "ideal" de educação. Através da Internet, os alunos podem ter acesso a todo tipo de conhecimento sem um professor. Então eu pergunto: o que faz necessária a presença de um professor? Ele deve ser o regente da orquestra, observar o fluxo desses conhecimentos e elucidar as dúvidas dos alunos. Por exemplo, quando um professor passa uma lição a um aluno, que vai buscar uma resposta na Internet, ele deve posteriormente corrigir os erros cometidos, criticar o conteúdo pesquisado. É preciso desenvolver o senso crítico dos alunos. O papel do professor precisa passar por uma transformação, já que a criança não aprende apenas com amigos, a família, a escola. Outro ponto importante: é necessário criar meios de transmissão do conhecimento a serviço da curiosidade

> dos alunos. O modelo de educação, sobretudo, não pode ignorar a curiosidade das crianças.

Finalizando esta análise do uso do computador e da Internet nas escolas presenciais, vale a pena citar o professor/educador José Pacheco, um dos criadores da famosa Escola da Ponte, em Portugal:

> Do modo como as novas tecnologias estão sendo introduzidas nos colégios, temo que se transformem em panaceias, que sirvam para congelar aulas em computadores. Aulas nas quais os alunos, acostumados ao imediatismo e à velocidade dessas tecnologias, acriticamente consumam, sem resquícios de cooperação com o aluno vizinho.
>
> O grande drama educacional brasileiro é que jovens do século XXI são ensinados por professores do século XX, com recursos e práticas do século XIX.
>
> Precisamos apelar ao bom senso dos titulares do poder público, pedir que estejam atentos a excelentes práticas que muitos educadores brasileiros vêm produzindo, sem importação de modas pedagógicas, e que são o contraponto da construção social "escola", que a modernidade nos deixou como herança. A velha escola há de parir uma nova educação, mas as dores do parto serão intensas, enquanto a tecnocracia e a burocracia continuarem a invadir domínios onde deveria prevalecer a pedagogia.

Em 24 de agosto de 2020, no Grande Encontro da Educação 2020, realizado de forma remota, o professor José Pacheco, dentre outras colocações, citou:

> ... é preciso que se compreenda que estamos a caminho da educação 5.0, em que o foco da discussão não é mais o aluno sendo o centro, o protagonista. "O importante agora é o paradigma da comunicação, uma escola integrada à comunidade e não apartada à realidade." Temos que pensar em Lauro de Oliveira Lima* quando propõe a escola da comunidade. Temos que pensar em Paulo Freire que dizia que se aprende na intersubjetividade e não no indivíduo. Então o que temos para fazer foi aquilo que intuitivamente nós fizemos há 40 anos (na Escola da Ponte).

Pacheco também criticou os modelos tradicionais que a instituição escola se baseia e defendeu uma nova educação pautada na coletividade, citando:

> O vírus (covid-19) nos ensinou que uma escola não é um prédio. Escola são pessoas. Que um professor não ensina o que diz, transmite aquilo que é. Que um Projeto Político Pedagógico se traduz em valores, em visões de mundo de uma comunidade e que os saberes de uma comunidade terão que ser integrados em um currículo da escola, afirmou José Pacheco, que provocou: "em uma aula nada se aprende". É preciso partir para a nova educação e digo isso porque eu acompanho muitos professores que não perderam contato com os alunos e o processo de aprendizagem se mantém, porque a gente criou ciclos de vizinhança diante do paradigma da comunicação e eles não perderam cinco meses de aula.

*Lauro de Oliveira Lima (1921- 2013) foi um pedagogista** brasileiro, conhecido pela sua atuação política na educação e pelo desenvolvimento do Método Psicogenético, estruturado a partir da Epistemologia Genética de Jean Piaget.

Em 1949, formou-se em Direito e em 1951 em Filosofia. Pelas suas ideias inovadoras na Educação, foi terrivelmente perseguido pela ditadura militar, implantada em 1964.

**Pedagogista é um profissional versado em Pedagogia da Educação, com o objetivo de auxiliar o exercício dos educadores, os professores ou não, e dos alunos. Desenvolve atividades ligadas ao estudo da Pedagogia em si. Busca as suas tendências através da pesquisa e que apresenta propostas teóricas para os pedagogos, porém na prática, novos métodos de ensino e aprendizagem nas escolas. As áreas de estudo e pesquisa do pedagogista são as ciências da Educação com ênfase na reflexão, classificação, sistematização e análise dos processos e relações educativas, produção do conhecimento científico e tecnológico no campo educacional, administração e gestão das organizações educativas e avaliação de políticas públicas.

Finaliza-se esta análise dos tipos de "Escolas" e tipos de ensinos presenciais com três citações: "Se a boa escola é a que reprova, o bom hospital é o que mata!". (Hamilton Werneck). Escola não é empresa ou fábrica, professor não é operário ou gerente de produção e aluno não é produto ou cliente ou freguês! Mesmo as escolas particulares, de qualquer tipo ou nível de ensino, não podem ser vistas apenas como negócio e aluno como freguês. "Se deres um peixe a um homem faminto, vais alimentá-lo por um dia. Se o ensinares a pescar, vais alimentá-lo toda a vida." (Lao-Tsé, filósofo chinês que provavelmente viveu no século VI antes de Cristo).

3.8 O professor *Data Show*: Uma "evolução tecnológica e digital" do professor Retroprojetor?

A projeção e colagem de imagens em salas de aula é um recurso didático que remonta ao século XX (1901 a 2000). Antes do retroprojetor, que usava transparências plásticas, professores prendiam figuras, imagens e desenhos, em cartolinas, na lousa e paredes para, a partir disto, ilustrar suas aulas. A projeção de imagens é um ótimo recurso didático pedagógico, quando bem utilizado. Com o passar dos anos, especialmente após a década de 1990, surge a projeção digital de imagens, via *Data Show*, que melhorou, mais ainda, o recurso da projeção de imagens, principalmente para ilustrar aulas presenciais.

Infelizmente, muitos professores, especialmente os que não têm formação didático-pedagógica ou licenciatura, abusam do uso deste recurso em aulas presenciais, transformando um recurso auxiliar, no instrumento principal da aula. É ridícula a cena de um professor (especialmente em aulas noturnas), apenas lendo o que está escrito nas projeções, sendo que os mais "tecnológicos" utilizam sinalizadores a *laser*, para apontar o que está sendo lido. Ora bolas, o que o professor está fazendo em sala? Se for assim, não perca tempo, mande as aulas por e-mail, para os alunos, e deixe que eles leiam no conforto de suas casas.

Mais ridículo ainda é, por exemplo, ver professores de Matemática, projetando fórmulas e deduções algébricas, normalmente em letras pequenas e em cores não nítidas. Infelizmente, isto é muito comum no Brasil. É claro que a projeção de imagens é um excelente recurso didático-pedagógico, mas ele não pode substituir o professor. Por óbvio, recomenda-se o uso da projeção, em aulas presenciais, no caso de imagens, figuras e desenhos. Finalmente, a parte presencial de cursos a distância, deve ter poucas projeções, pois é o momento da "presença e interação física" entre professor e aluno. Se for para apenas ler, de novo, envie por e-mail.

Certamente, o grande diferencial para um bom ensino remoto, como será visto adiante, é o uso de material impresso, tanto na forma de livro-texto, quanto por materiais produzidos pelo corpo docente da instituição de ensino. Esses materiais têm que estar de acordo com o Projeto Pedagógico da Escola.

Capítulo 4

Aulas Síncronas e Assíncronas. O que são as "Pedagogias Digitais"? Como Aplicá-las aos Diferentes Níveis e Tipos de Ensino?

O termo "Pedagogias Digitais", como detalhado nesse livro, não se refere apenas à "Heutagogia" (do grego: *heuta* = auto + *agogus* = guiar), que propõe um processo educacional no qual o estudante é o único responsável pela aprendizagem, sendo um modelo alinhado à Tecnologia da Informação e Comunicação (TIC) e às inovações de *e-learning*.

Há muito se sabe que, crianças, jovens e adultos, principalmente devido a aspectos e características psiconeurobiológicas, aprendem de formas diferentes. Por exemplo, não se "deve" explicar, da mesma maneira, o que é uma equação do primeiro grau, para uma criança de 12 anos (no 7º ano do Ensino Fundamental) e um adulto de 40 anos, que esteja estudando, por exemplo, a mesma coisa num curso de Educação de Jovens e Adultos – EJA. Por que? Porque, como detalhado no capítulo 6, essas pessoas interpretam e aprendem de formas diferentes.

O termo Heutagogia, tal e qual foi proposto, se aplica apenas à aprendizagem de adultos, seja de que nível for o ensino, desde a alfabetização, até às pós-graduações, obviamente concebida como utilizando recursos da Tecnologia da Informação e Comunicação – TIC.

4.1 O Projeto das aulas síncronas e assíncronas

Atividade síncrona significa ao vivo ou *on-line*. Atividade assíncrona significa gravada ou *off-line*. Aqui está o grande desafio, para a Educação a Distância, ou disciplinas com aulas remotas. É básico e imprescindível que, para cada instituição de ensino, que decida trabalhar com essa modalidade de ensino, seja criando um grupo misto composto por: 1) Pedagogos, com experiência em planejamento de aulas e, obviamente, projetos pedagógicos; 2) Especialistas em tecnologia, de preferência programadores com experiência em Educação; 3) Professores, com licenciaturas, nas mais diversas áreas e disciplinas, para aulas da Educação Básica e 4) Professores experientes, mesmo sem licenciatura, para aulas no Ensino Superior.

Já foi citado que, para ser um bom professor no Ensino Superior, não basta apenas ter títulos e saber determinada disciplina ou área; tem que saber ensinar tal disciplina. Em geral, professores apenas com bacharelado, ou seja, sem licenciatura, entendem que basta ligar o *data show* e sair repetindo o que está escrito. É óbvio que existem exceções, ou seja, professores sem licenciatura que se tornam excelentes educadores. Diz-se que "nasceram com o dom da docência". Também existem professores licenciados que não sabem dar aulas. Em geral essas pessoas, em verdade, não gostam do que fazem, ou seja, não sentem paixão pelo magistério. Aulas remotas, síncronas e assíncronas, baseadas apenas na tecnologia, não atendem aos propósitos da didática e da pedagogia. Alunos não são papagaios, que aprendem por repetição. Não basta saber o assunto e ter experiência e prática com tecnologias.

Tudo começa com a atuação dos pedagogos. Com o projeto, a prática e a supervisão dos pedagogos, a expertise dos tecnólogos e experiência dos professores, são geradas aulas dentro dos conceitos das Pedagogias Digitais, nos diferentes níveis de ensino.

O projeto das aulas, baseadas nas ementas, tem que contemplar a inter e a transdisciplinaridade, bem como a transversalidade, tudo dentro da máxima contextualização possível. Atenção especial tem que ser dada ao uso de materiais didáticos, por exemplo, filmes, mantendo-se o direito autoral. Ou seja, não é legal (é crime), utilizar vídeos capturados da Internet, sem que haja autorização do autor ou editora.

O professor José Abrantes sugere que as aulas remotas (toda aula), para quaisquer níveis de ensino, tenham dois momentos: 1º Uma parte gravada (atividade assíncrona), com no máximo 30 minutos e com o maior número possível de imagens, seja qual for o conteúdo abordado. 2º Uma parte ao vivo (atividade síncrona), exatamente sobre a parte gravada, quando o professor explana o conteúdo assistido, faz exercícios e tira dúvidas dos alunos. Essa parte pode ter até uma hora de duração. Sempre ao final da aula, o professor deve propor e incentivar que os alunos revejam as aulas gravadas e pratiquem outros exercícios.

O projeto pedagógico das aulas síncronas e assíncronas tem que ser baseado em material impresso, produzido para cada disciplina e conteúdo. Ou seja, as aulas, síncronas e assíncronas têm que ser baseadas em materiais impressos, sejam livros ou apostilas.

Na Educação Básica, existem vários livros publicados, de alta qualidade, para as mais diversas disciplinas. Esses livros, além de coloridos, têm várias imagens e aplicações práticas.

No Ensino Superior, quase não existem bons livros publicados, no mesmo estilo dos da Educação Básica. Isso não está certo. O que fazer? Apoiados pelos pedagogos, os professores se reúnem e geram material impresso, primeiro na forma de apostilas e, posteriormente, podem virar livros, publicados por editoras comerciais, com uma qualidade bem melhor do que as apostilas. Observa-se que, à medida que formos avançando nas aulas remotas e Educação a Distância, os livros também terão que ser diferentes, especialmente os voltados ao Ensino Superior. O ideal é que tenham muitas imagens, mesmo que não sejam coloridas, que encarecem muito o livro impresso. Livros didáticos eletrônicos, os *ebooks*, devem ser utilizados como material complementar. A base de estudo deve ser em material impresso.

Observa-se que, com o avanço tecnológico de impressão, está cada vez mais prático, fácil e com baixo custo, imprimir livros, mesmo em pequenas quantidades, dentro do conceito de impressão sob demanda.

4.1.1 Como devem ser geradas e assistidas as aulas remotas? As atividades síncronas e assíncronas

As atividades síncronas, que fazem parte das aulas remotas, têm uma interação instantânea e ao vivo entre o professor e a turma. Isso pode ser feito por meio das salas virtuais de conferência, dos *chats* simultâneos e das ligações de voz. Ou seja, não são aulas gravadas.

Nas atividades síncronas também devem ser utilizadas mesas digitalizadoras, que são mesas ou *tablets* gráficos, uma espécie de prancheta, usada com o auxílio de uma caneta (*stylus*) através da qual é possível desenhar utilizando um computador. Desenha-se ou escreve-se sobre a mesa gráfica e a imagem é projetada na tela do computador.

Atividades assíncronas são as utilizadas nas aulas remotas e nas aulas a distância, onde alunos e professores não precisam estar *on-line* na plataforma simultaneamente. Ou seja, o conteúdo é gravado (vídeo-aulas) e acessado pelo estudante quantas vezes forem necessárias, e a qualquer hora do dia. Além das vídeo-aulas, que são hospedadas em plataformas de transmissões, outras atividades assíncronas podem ser incrementadas para completar a educação remota, como os fóruns de discussão, o e-mail disponibilizado pelo professor para solucionar dúvidas e pendências, além de *slides*, *ebooks* e conteúdos publicados em *blogs* e sites oficiais da instituição.

4.1.1.1 Geração das aulas assíncronas

As aulas remotas gravadas (vídeo-aulas) devem ser com o professor numa sala de aula, sem alunos, mas com o pessoal de apoio. Os principais tópicos devem estar escritos na lousa, com letras coloridas, bem feitas e nítidas. As cores que dão melhor resultado, especialmente em lousa branca, são: preto, azul e vermelho. O professor deve falar pausadamente, olhando para a câmera, como se estivesse falando com a turma. Deve ir escrevendo no quadro, à medida que desenvolve os conteúdos. Deve-se evitar ao máximo a projeção de telas (professor *data show* não!). Também se pode fazer uso de imagens e textos fixos em cavaletes tipo *flip shart*. É fundamental, e imprescindível, que os alunos acompanhem as aulas em casa, munidos de um livro texto ou material impresso, com os conteúdos abordados e com um caderno, para irem fazendo anotações. O ideal em aulas assíncronas é o uso da lousa eletrônica ou *smart board*, especialmente dos modelos que, além de permitir que o professor escreva, tenha ligação com um e funcione como computador, especialmente gravando a escrita, que pode ser enviada para os alunos.

4.1.1.2 Assistência das aulas síncronas ou assíncronas

O ideal é que o aluno acompanhe a aula na maior tela possível, evitando-se ao máximo apenas o uso de pequenos aparelhos celulares. É perfeitamente possível, através de um cabo específico, transferir a imagem e o som do celular ou *tablet* para um aparelho de televisão. Também é possível, com um aparelho próprio, projetar numa parede, permitindo uma imagem maior, facilitando ainda mais o entendimento e aprendizado. Observa-se que, à medida que se amplia a imagem, menor é a nitidez.

Especial atenção deve ser dada à postura do aluno, durante as aulas remotas, como a seguir detalhado.

1) Os familiares têm um papel fundamental. Os pais têm que demonstrar interesse naquilo que os filhos estão aprendendo e que possam ajudá-los, quando possível, especialmente nos anos iniciais do Ensino Fundamental, com alunos do 1º ao 5º ano, ou seja, crianças de idades entre os seis e dez anos.

2) Assistindo aulas em casa, são muitas as interferências que podem provocar distração, especialmente nos alunos mais novos. Durante o horário de estudo é necessário manter o foco e evitar tudo que possa causar distração. A seguir são citadas algumas ações, que melhoram a concentração e, obviamente o rendimento das aulas:

- Aparelhos eletrônicos desnecessários, como televisão e celular, devem estar desligados. No computador, redes sociais, *chats* e e-mails devem estar desconectados, pois, dependendo do momento da videoaula e até de atividades assíncronas, o aluno pode preferir se conectar a coisas que mais lhe agradem.

- É normal (exceto em famílias carentes) que estudantes tenham em casa uma mesa ou escrivaninha dedicada aos seus estudos. Estes ambientes são ideais para se montar o local de estudos. Nesses espaços podem ser organizados todo o material que usam no dia a dia da escola: estojo, caderno, computador e garrafa de água. A hidratação também é importante em casa. Isso evita que o aluno levante para beber água e "saia" da aula. É a famosa frase, em aula presencial: professor, posso ir beber água? Se for permitido, aproveita-se para bisbilhotar as outras salas e dar uma passadinha no pátio. Em casa, por exemplo, aproveita-se para brincar com o cachorro.

Se na casa não tiver escrivaninha ou escritório, deve ser escolhido um canto da mesa de jantar, fazendo dela um ambiente de estudo. Estudar no sofá do lado do videogame ou da televisão, por exemplo, não é uma boa opção, pois ali terá sempre algo para distrair e chamando para uma jogadinha *on-line*, um filme ou qualquer programa (mais atraente do que, por exemplo, uma aula chata de Matemática).

Um ambiente com boa iluminação, e livre de muitos ruídos externos, é essencial para se conseguir uma boa concentração e assimilar melhor os conteúdos. Deve-se privilegiar locais silenciosos e bem iluminados para estudar.

- Antes de começar a aula, separe tudo o que você vai precisar: livros, cadernos, canetas, computador, etc. Estudar em um local bagunçado pode tirar sua concentração. O simples fato de ter que procurar por algum objeto já pode desviar a sua atenção.

- Para que a mente funcione bem, o corpo precisa estar descansado. Aluno deve dormir bem, pois o sono regular auxilia no aprendizado, na concentração e na disposição para encarar todas as atividades do dia. Aqui valem as dicas das horas máximas que crianças e adolescentes devem passar conectado: máximo de duas horas por dia. Outra dica é que isso não ocorra à noite, principalmente próximo do horário de ir para a cama dormir.

- Antes de iniciar os estudos, alimente-se bem. Estudar com fome não é adequado, pois é preciso ter energia para se obter um bom rendimento. "Saco vazio não fica em pé". Realize também atividades físicas regulares para manter seu corpo saudável.

- É importante atentar para a postura, durante as aulas. O jeito como você se acomoda para assistir às aulas também pode influenciar na sua produtividade, ou melhor, no seu aprendizado. Escolha uma cadeira confortável e sente-se com o corpo ereto e a coluna reta, encostado no respaldo da cadeira. Seus pés devem tocar no chão. Nada de estudar na cama ou deitado. Seu cérebro precisa entender que você está focado em produzir e fixar conhecimento com o máximo de atenção e seriedade.

- Assim como nas aulas presenciais, faça anotações em um caderno. Caso tenha dúvidas, anote-as, para depois perguntar, segundo o que for disponibilizado para tal. Com as anotações e dúvidas, ficam mais fáceis os estudos posteriores.

- Ao final de cada aula, no menor tempo possível, faça exercícios e revisões sobre o assunto estudado. As revisões ajudam a fixar o conteúdo, que poderá ser utilizado no momento de realizar trabalhos e provas. Consulte as anotações, utilize o material complementar, tanto o impresso, quanto os digitais.

- Em aulas síncronas, é muito importante a participação real dos alunos. Quanto mais os alunos participam das aulas, mais ricas elas se tornam. Participe da aula como se estivesse sendo realizada presencialmente: questione, comente, proponha debates e discussões. Além de enriquecer os estudos, essa ação fortalece o vínculo entre alunos e professores. Pais não devem interferir nas aulas, por exemplo, perguntando ou criticando o professor.

- Sempre que tiver uma dúvida em relação ao conteúdo das aulas e materiais, questione o professor através das plataformas oferecidas pela instituição. Assim, você conseguirá absorver ao máximo tudo que for ensinado.

- Mantenha contato com seus colegas de classe, para poderem trocar informações relevantes e tirar dúvidas uns com os outros.

4.2 O que são as Pedagogias Digitais?

As "Pedagogias Digitais", como propostas neste livro, compreendem várias "Pedagogias", conforme o nível de ensino e tipo de curso, obedecendo ao Decreto nº 9.057, de 25/05/2017, e com a classificação a seguir descrita:

Pedagogias Digitais	- Pedagogia Digital (Educação formal de crianças e jovens) - Andragogia/Antropogogia Digital (Educação formal de adultos) - Heutagogia Digital Ampliada (Educação profissional/continuada de Adultos)

Neste livro, a Pedagogia Digital se aplica à Educação Básica (Ensinos Fundamental e Médio), pois é voltada para a Educação formal de crianças e jovens, enquanto as Andragogia/Antropogogia Digital e Heutagogia Digital Ampliada, se aplicam a cursos superiores e pós-graduações, pois é voltada para a Educação formal ou profissional e continuada de adultos.

Com relação à Pedagogia Digital, ou seja, aplicada à Educação Básica, é importante analisar o Decreto nº 9.057, de 25/05/2017, onde no Capítulo II (da oferta de cursos na modalidade a distância na Educação Básica), e Artigo 8º cita que: "Compete às autoridades dos sistemas de ensino estaduais, municipais e distrital, no âmbito da unidade federativa, autorizar os cursos e o funcionamento de instituições de educação na modalidade a distância nos seguintes níveis e modalidades":

I - Ensino Fundamental, nos termos do § 4º do art. 32 da Lei nº 9.394, de 20 de dezembro de 1996. (Detalhado no parágrafo 4.3.1).

II - Ensino Médio, nos termos do § 11 do art. 36 da Lei nº 9.394, de 1996. (Detalhado no parágrafo 4.3.2).

III - Educação Profissional Técnica de Nível Médio. (Detalhado no parágrafo 4.4).

IV - Educação de Jovens e Adultos (EJA). (Detalhado no parágrafo 4.5).

V - Educação Especial. (Detalhado no parágrafo 4.6).

O Artigo 9º do Decreto cita que: "A oferta de ensino fundamental na modalidade a distância em situações emergenciais, previstas no § 4º do art. 32 da Lei nº 9.394, de 1996, se refere a pessoas que":

I - estejam impedidas, por motivo de saúde, de acompanhar o ensino presencial;

II - se encontrem no exterior, por qualquer motivo;

III - vivam em localidades que não possuam rede regular de atendimento escolar presencial;

IV - sejam transferidas compulsoriamente para regiões de difícil acesso, incluídas as missões localizadas em regiões de fronteira; ou

V - estejam em situação de privação de liberdade.

Já o Artigo 10º cita que: "A oferta de educação básica na modalidade a distância pelas instituições de ensino do sistema federal de ensino ocorrerá conforme a sua autonomia e nos termos da legislação em vigor".

4.3 A Pedagogia Digital

A palavra Pedagogia tem origem na Grécia antiga, a partir dos termos *paidós*, que significa criança e *agogé*, refere-se à condução. Pedagogos eram os adultos que conduziam as crianças para a escola, lembrando que estas escolas não eram prédios com a finalidade específica de ensinar, como as conhecemos atualmente, mas sim locais, normalmente ao ar livre. Apenas as crianças de famílias ricas, eram levadas (por escravos brancos) até os "professores", que basicamente transmitiam conceitos filosóficos e os princípios da Matemática elementar, em especial da Geometria.

A Pedagogia Digital, como definida neste livro, se aplica à Educação formal de crianças e jovens, obviamente usando as Tecnologias da Informação e Comunicação (TICs) e às inovações de *e-learning*. Observa-se que a Pedagogia Digital não se aplica apenas à Educação a Distância, mas também para cursos Híbridos (veja parágrafo 5.5). Como crianças e jovens, no Brasil, podem ser enquadradas, as pessoas entre 6 e 17 anos de idade, que é a faixa etária que compreende os Ensinos Fundamental (com 9 anos de duração) e Médio (com 3 anos de duração).

4.3.1 A Pedagogia Digital e as aulas remotas aplicadas ao Ensino Fundamental

A resolução nº 3 da Câmara de Educação Básica (CEB), do Conselho Nacional de Educação (CNE), de 3 de Agosto de 2005, publicada no Diário Oficial da União (D.O.U.) de 08 de Agosto de 2005, Seção I, página 27, define as normas nacionais para a ampliação do Ensino Fundamental para nove anos de duração. Esta resolução nº 3, foi aprovada em 15 de Setembro de 2005, através do parecer CNE/CEB n⁰ 18/2005 e em 6 de fevereiro de 2006, o Presidente da República sancionou a Lei nº 11.274, que obriga esta ampliação para nove anos, dando prazo até 2010 para que todos os Municípios, Estados e o Distrito Federal se enquadrassem.

O Ensino Fundamental ficou dividido em duas partes onde, normalmente nos cinco anos iniciais (1^0 ao 5^0), os alunos têm no máximo 2 professores, sendo comum, no ensino presencial, apenas um para abordar todos os conteúdos, chamado professor regente e um outro professor, normalmente ligado às artes e oficinas em geral. Nos anos finais, do 6^0 ao 9^0, os alunos já têm aulas divididas em disciplinas específicas, com um professor para cada uma.

No Brasil, o Ensino Fundamental público é oferecido pelos municípios, embora existam estas escolas, tanto sob a responsabilidade do governo estadual, quanto do governo federal. Um exemplo disto, no estado do Rio de Janeiro, é o Colégio de Aplicação da Universidade do Estado do Rio de Janeiro – Cap/Uerj, que é um Instituto da Uerj e está ligado à Secretaria Estadual de Ciência e Tecnologia (ao invés da Secretaria Municipal de Educação). O Cap/Uerj abrange todo o Ensino Fundamental, nos seus nove anos e os três anos do ensino médio, sendo que desde 2014 também tem um mestrado profissional em Educação Básica.

Um exemplo de escola em nível federal com Ensino Fundamental e Médio é o Colégio Pedro II, no Rio de Janeiro, sendo que em algumas unidades também atendem crianças na fase da Educação Infantil (3 a 5 anos e 11 meses). Existem muitos outros exemplos, em vários estados. Outra particularidade na Educação Básica pública, são os Colégios Militares, instituições federais, que abrangem o Ensino Fundamental e Médio e ligados ao Exército Brasileiro. No Rio de Janeiro o Colégio Militar abrange o ensino a partir do 6º ano do Ensino Fundamental. Outro exemplo é a Fundação Osório, localizada no bairro do Rio Comprido, cidade e estado do Rio de Janeiro. É uma instituição federal de ensino, vinculada ao Ministério da Defesa, que oferece vagas nos Ensinos Fundamental, desde o 1º ano, e Ensino Médio.

Com relação à parte Pedagógica Digital, aplicada na Educação a Distância, no Ensino Fundamental, as Tecnologias da Informação e Comunicação (TIC), utilizadas, têm que gerar aulas que atendam à Base Nacional Comum Curricular – BNCC (homologada em 20 de dezembro de 2017), bem como com muitas imagens e movimentos, privilegiando a Ludopedagogia e a Ecopedagogia, e ainda com aplicações práticas, onde possível.

A Ludopedagogia deve ser enfatizada principalmente nos anos iniciais, ou seja, do 1º ao 5º ano do Ensino Fundamental, onde estudam crianças entre os 6 e os 10 anos de idade. Em princípio, todo ser humano gosta do lúdico, mas as crianças mais novas são muito mais sensíveis e aprendem melhor com aulas alegres e com muitas imagens. Com a Ludopedagogia, fica mais fácil planejar aulas interdisciplinares e com a Ecopedagogia, consegue-se planejar e conduzir aulas transdisciplinares.

4.3.2 A Pedagogia Digital aplicada ao Ensino Médio e atendendo à Lei 13.415/2017, de 16/02/2017, que versa sobre a reforma do Ensino Médio

Como no Ensino Médio, os alunos já não são mais crianças, mas sim jovens, pois já estão com 15 anos de idade ou mais, as aulas digitais, além de atenderem à Base Nacional Comum Curricular – BNCC, também têm que ter imagens e movimentos, também privilegiando a Ludopedagogia e a Ecopedagogia, porém já apresentando mais aplicações reais e práticas dos conteúdos programáticos, da melhor maneira possível.

Com relação às aplicações práticas, observa-se que a Lei da reforma do Ensino Médio, no seu parágrafo (§)11, Artigo 36, cita que: "Para efeito de cumprimento das exigências curriculares do ensino médio, os sistemas de ensino poderão reconhecer competências e firmar convênios com instituições de educação a distância com notório reconhecimento, mediante as seguintes formas de comprovação:

I – A inclusão de experiência prática de trabalho no setor produtivo ou em ambientes de simulação, estabelecendo parcerias e fazendo uso, quando aplicável, de instrumentos estabelecidos pela legislação sobre aprendizagem profissional.

II – Demonstração prática.

III – Possibilidade de concessão de certificados intermediários de qualificação para o trabalho, quando a formação for estruturada e organizada em etapas com terminalidade.

IV – Experiência de trabalho supervisionado ou outra experiência adquirida fora do ambiente escolar.

V – Atividades de educação técnica oferecidas em outras instituições de ensino credenciadas.

VI – Cursos oferecidos por centros ou programas ocupacionais.

VII – Estudos realizados em instituições de ensino nacionais ou estrangeiras.

VIII – Cursos realizados por meio de educação a distância ou educação presencial mediada por tecnologias.

4.3.2.1 As atividades síncronas e assíncronas no Ensino Médio

Em princípio, devem ser seguidas as mesmas recomendações, citadas no parágrafo 4.3.2, aplicadas ao Ensino Fundamental, com algumas particularidades.

- Como os alunos já não são mais crianças, não há necessidade da participação direta dos pais (nem eles querem. Alunos do Ensino Médio vão sozinhos para a escola). Obviamente, os pais devem fazer o mesmo acompanhamento dos estudos dos filhos, como o fazem (ou deveriam) nas aulas presenciais. Ao final do dia, com todos em casa e, provavelmente, durante o jantar, pode (e deve) surgir a pergunta: "então, como foram as aulas e os estudos hoje?".

- Principalmente, devido à reforma do Ensino Médio, tanto as aulas síncronas e assíncronas têm que ser mais práticas e objetivas, principalmente com imagens mais detalhadas, com exemplos e experiências reais. As aulas e atividades assíncronas têm que ter mais vídeos, principalmente de exemplos práticos e focados no itinerário formativo que o aluno escolheu.

4.3.2.2 Comentários sobre a reforma do Ensino Médio (Lei 13.415/2017, de 16/02/2017)

Embora este livro não pretenda fazer uma ampla revisão do sistema educacional brasileiro, o autor entende que é importante citar alguns comentários sobre a reforma do Ensino Médio, segundo a Lei 13.415/2017, de 16/02/2017, já que suscitou muito debate e muita discussão. O professor Abrantes reconhece que toda reforma traz incertezas, mas só se avança, quando se anda, ou pelo menos, se tenta, andar (para a frente).

"Baseando-se", no péssimo resultado do Ideb de 2015, divulgado em 8 de setembro de 2016, o governo federal encaminhou ao Congresso Nacional, no dia 22 de setembro de 2016, a Medida Provisória MP - 746/2016, para reestruturação do Ensino Médio. A mudança chamou atenção e provocou discussões (e muitos protestos) no país ao incluir, por exemplo, a possibilidade de escolha de diferentes trilhas de formação tradicional e técnica, educação integral e autorizar a contratação de professores sem licenciatura, mas que apresentem "notório saber". Deve ser citado que, já tramitava no Congresso Nacional o Projeto de Lei número 6840/2013, que previa a mudança do currículo no Ensino Médio. O governo "alegou" que, devido à "tragédia" do resultado do Ideb, não poderia "ficar esperando", pela tramitação de uma Lei. Uma Medida Provisória é aprovada, muito mais rapidamente. Muitos professores, e diversas entidades ligadas à Educação, entenderam esta "pressa" em aprovar uma Lei de Reforma do Ensino Médio, como uma das formas de "desviar" a oposição ao governo da época, para outras discussões (por exemplo, *impeachment* do Presidente da República).

O Presidente da República sancionou a reforma do Ensino Médio, na quinta feira, 16 de fevereiro e o Diário Oficial da União (DOU) da sexta-feira, 17 de fevereiro de 2017, publicou a Lei 13.415/2017 que: altera as Leis números 9.394, de 20 de dezembro de 1996 (Lei Darcy Ribeiro), que estabelece as diretrizes e bases da educação nacional e 11.494, de 20 de junho 2007, que regulamenta o Fundo de Manutenção e Desenvolvimento da Educação Básica e de Valorização dos Profissionais da Educação, a Consolidação das Leis do Trabalho - CLT, aprovada pelo Decreto-Lei nº 5.452, de 1º de maio de 1943, e o Decreto-Lei nº 236, de 28 de fevereiro de 1967; revoga a Lei nº 11.161, de 5 de agosto de 2005; e institui a Política de Fomento à Implementação de Escolas de Ensino Médio em Tempo Integral. Ressalta-se que a reforma vale tanto para escolas públicas quanto particulares.

Dentre as diversas modificações, expressas na Lei 13.415/2017, as seguintes são destacadas, e comentadas (*em itálico*) pelo autor deste livro:

- § 1º: A carga horária mínima anual deverá ser ampliada de forma progressiva, no Ensino Médio, para mil e quatrocentas horas, devendo os sistemas de ensino oferecer, no prazo máximo de cinco anos, pelo menos mil horas anuais de carga horária, a partir de 2 de março de 2017. (*Ou seja, até 2 de março de 2022. Devido a pandemia do coronavírus, em 2020 e 2022, quando da 1ª edição desse livro, ainda não se sabia como, e se, essa data seria alterada*).

***Comentários**: considerando-se, obrigatoriamente, 200 dias de aula por ano, 1.000 horas anuais significam cinco horas diárias e, 1.400 horas, significarão sete horas diárias de aulas, configurando o que a Lei classifica como "Ensino Médio em Tempo Integral". Considerando-se um recreio de meia hora e uma hora para almoço, este horário integral obrigará que os alunos permaneçam 8,5 horas por dia na escola. Onde os alunos almoçarão?*

O Brasil é muito grande e diverso, infelizmente, apresenta muitas desigualdades, especialmente quanto às condições físicas das escolas. Poucos atentam, mas só poucas escolas brasileiras são equipadas com itens como: bibliotecas, quadras de esportes, refeitório, pátio, sala de projeção, laboratórios de disciplinas (não apenas de informática) e acesso à Internet. O que dizer de escolas municipais e estaduais, por exemplo, em plena Zona Sul do Rio de Janeiro, onde não existem banheiros decentes para professores e alunos? O que dizer de escolas, por este Brasil afora, onde nem banheiros existem, sendo que em muitas, nem salas de aulas existem!

A Lei prevê passar a carga horária de 800 horas para 1.400 horas, usando a expressão "tempo integral". Como isto será feito? Quais disciplinas ou atividades serão acrescentadas? Como? Os professores terão que trabalhar mais horas? Eles terão aumento salarial? Serão contratados novos professores?

§ 2º: O ensino da arte, especialmente em suas expressões regionais, constituirá componente curricular obrigatório da Educação Básica. *O autor concorda com este parágrafo.*

§ 5º: no currículo do Ensino Fundamental, a partir do sexto ano, será ofertada a língua inglesa. *O autor concorda com este parágrafo.*

§ 7º: A integralização curricular poderá incluir, a critério dos sistemas de ensino, projetos e pesquisas envolvendo os temas transversais de que trata o caput. *O autor concorda com este parágrafo.*

Art. 3º A Lei nº 9.394, de 20 de dezembro de 1996 (Lei Darcy Ribeiro), passa a vigorar acrescida do seguinte art. 35-A: (*O autor concorda com estas modificações*).

Art. 35-A: a Base Nacional Comum Curricular (BNCC) definirá direitos e objetivos de aprendizagem do Ensino Médio, conforme diretrizes do Conselho Nacional de Educação, nas seguintes áreas do conhecimento:

I - linguagens e suas tecnologias; II - Matemática e suas tecnologias; III - ciências da natureza e suas tecnologias e IV - ciências humanas e sociais aplicadas.

§ 1º A parte diversificada dos currículos de que trata o caput do art. 26, definida em cada sistema de ensino, deverá estar harmonizada à Base Nacional Comum Curricular e ser articulada a partir do contexto histórico, econômico, social, ambiental e cultural.

§ 2º A Base Nacional Comum Curricular referente ao Ensino Médio incluirá obrigatoriamente estudos e práticas de Educação Física, Arte, Sociologia e Filosofia.

§ 3º O ensino da língua portuguesa e da Matemática será obrigatório nos três anos do Ensino Médio, assegurada às comunidades indígenas, também, a utilização das respectivas línguas maternas.

§ 4º Os currículos do Ensino Médio incluirão, obrigatoriamente, o estudo da língua inglesa e poderão ofertar outras línguas estrangeiras, em caráter optativo, preferencialmente o espanhol, de acordo com a disponibilidade de oferta, locais e horários definidos pelos sistemas de ensino.

§ 5º A carga horária destinada ao cumprimento da Base Nacional Comum Curricular não poderá ser superior a mil e oitocentas horas do total da carga horária do Ensino Médio, de acordo com a definição dos sistemas de ensino.

§ 6º A União estabelecerá os padrões de desempenho esperados para o Ensino Médio, que serão referência nos processos nacionais de avaliação, a partir da Base Nacional Comum Curricular.

§ 7º Os currículos do Ensino Médio deverão considerar a formação integral do aluno, de maneira a adotar um trabalho voltado para a construção de seu projeto de vida e para sua formação nos aspectos físicos, cognitivos e socioemocionais.

§ 8º Os conteúdos, as metodologias e as formas de avaliação processual e formativa serão organizados nas redes de ensino por meio de atividades teóricas e práticas, provas orais e escritas, seminários, projetos e atividades *on-line*, de tal forma que ao final do Ensino Médio o educando demonstre:

I - domínio dos princípios científicos e tecnológicos que presidem a produção moderna;

II - conhecimento das formas contemporâneas de linguagem".

Art. 4º: º artigo 36 da Lei nº 9.394, de 20 de dezembro de 1996 (Lei Darcy Ribeiro), passa a vigorar com as seguintes alterações:

Art. 36: o currículo do Ensino Médio será composto pela Base Nacional Comum Curricular (BNCC) e por itinerários formativos, que deverão ser organizados por meio da oferta de diferentes arranjos curriculares, conforme a relevância para o contexto local e a possibilidade dos sistemas de ensino, a saber:

I - linguagens e suas tecnologias; II - Matemática e suas tecnologias; III - ciências da natureza e suas tecnologias; IV - ciências humanas e sociais aplicadas e V - formação técnica e profissional.

§ 1º: a organização das áreas de que trata o caput e das respectivas competências e habilidades será feita de acordo com critérios estabelecidos em cada sistema de ensino.

Comentários: *o currículo do Ensino Médio será composto pela Base Nacional Comum Curricular (BNCC) e por itinerários formativos específicos, onde o aluno poderá escolher uma ênfase nas áreas de linguagens, Matemática, ciências da natureza, ciências humanas ou formação técnica e profissional. Contudo, a oferta da ênfase ficaria a cargo de cada sistema de ensino. Escolas rurais, por exemplo, não terão condições de ofertar todas as áreas. Ou seja, quem vive nos centros urbanos será privilegiado. E se a escola não tiver professor para determinado curso? O aluno ficará sem possibilidade de escolha?*

§ 6º: a critério dos sistemas de ensino, a oferta de formação com ênfase técnica e profissional considerará:

I - a inclusão de vivências práticas de trabalho no setor produtivo ou em ambientes de simulação, estabelecendo parcerias e fazendo uso, quando aplicável, de instrumentos estabelecidos pela legislação sobre aprendizagem profissional;

II - a possibilidade de concessão de certificados intermediários de qualificação para o trabalho, quando a formação for estruturada e organizada em etapas com terminalidade.

§ 7º A oferta de formações experimentais relacionadas ao inciso V do caput, em áreas que não constem do Catálogo Nacional dos Cursos Técnicos, dependerá, para sua continuidade, do reconhecimento pelo respectivo Conselho Estadual de Educação, no prazo de três anos, e da inserção no Catálogo Nacional dos Cursos Técnicos, no prazo de cinco anos, contados da data de oferta inicial da formação.

§ 8º A oferta de formação técnica e profissional a que se refere o inciso V do caput, realizada na própria instituição ou em parceria com outras instituições, deverá ser aprovada previamente pelo Conselho Estadual de Educação, homologada pelo Secretário Estadual de Educação e certificada pelos sistemas de ensino.

§ 9º As instituições de ensino emitirão certificado com validade nacional, que habilitará o concluinte do ensino médio ao prosseguimento dos estudos em nível superior ou em outros cursos ou formações para os quais a conclusão do Ensino Médio seja etapa obrigatória.

§ 10. Além das formas de organização previstas no art. 23, o Ensino Médio poderá ser organizado em módulos e adotar o sistema de créditos com terminalidade específica.

§ 11. Para efeito de cumprimento das exigências curriculares do Ensino Médio, os sistemas de ensino poderão reconhecer competências e firmar convênios com instituições de educação a distância com notório reconhecimento, mediante as seguintes formas de comprovação:

I - demonstração prática;

II - experiência de trabalho supervisionado ou outra experiência adquirida fora do ambiente escolar;

III - atividades de educação técnica oferecidas em outras instituições de ensino credenciadas;

IV - cursos oferecidos por centros ou programas ocupacionais;

V - estudos realizados em instituições de ensino nacionais ou estrangeiras;

VI - cursos realizados por meio de educação a distância ou educação presencial mediada por tecnologias.

§ 12. As escolas deverão orientar os alunos no processo de escolha das áreas de conhecimento ou de atuação profissional previstas no caput."

Comentários: *especialmente baseado na experiência de magistério no ensino técnico de nível médio, do professor José Abrantes, o autor deste livro prevê muitas dificuldades e sérios problemas para efetivar estas mudanças relacionadas à formação técnica e profissional.*

Art. 6º o artigo 61 da Lei nº 9.394, de 20 de dezembro de 1996 (Lei Darcy Ribeiro), que trata da formação do professor da Educação Básica, passa a vigorar com as seguintes alterações:

IV - profissionais com notório saber reconhecido pelos respectivos sistemas de ensino, para ministrar conteúdos de áreas afins a sua formação ou experiência profissional, atestados por titulação específica ou prática de ensino em unidades educacionais da rede pública ou privada ou das corporações privadas em que tenham atuado, exclusivamente para atender ao inciso V do caput do art. 36;

V - profissionais graduados que tenham feito complementação pedagógica, conforme disposto pelo Conselho Nacional de Educação.

Comentários: *embora o autor, em princípio, aceite que determinadas disciplinas essencialmente técnicas, possam ser lecionadas por profissionais de mercado com bacharelado e "**notório saber**", fica apreensivo quanto às práticas pedagógicas, já que, lecionar não é simplesmente "saber" algo, entrar em uma sala de aula e sair "despejando" conteúdos. Lecionar é muito mais do que isto, especialmente para jovens, como é o caso do Ensino Médio.*

Art. 7º O artigo 62 da Lei nº 9.394, de 20 de dezembro de 1996, passa a vigorar com as seguintes alterações (*o autor concorda com as mudanças*):

"Art. 62: a formação de docentes para atuar na Educação Básica far-se-á em nível superior, em curso de licenciatura plena, admitida, como formação mínima para o exercício do magistério na Educação Infantil e nos cinco primeiros anos do Ensino Fundamental, a oferecida em Nível Médio, na modalidade Normal.

§ 8º Os currículos dos cursos de formação de docentes terão por referência a Base Nacional Comum Curricular."

Art. 8º O art. 318* da Consolidação das Leis do Trabalho - CLT, aprovada pelo Decreto-Lei nº 5.452, de 1º de maio de 1943, passa a vigorar com a seguinte redação:

"Art. 318: o professor poderá lecionar em um mesmo estabelecimento por mais de um turno, desde que não ultrapasse a jornada de trabalho semanal estabelecida legalmente, assegurado e não computado o intervalo para refeição."

Comentários: *a grande discussão, segundo o autor deste livro, é se professores terão aumento de horas trabalhadas, sem o proporcional aumento salarial.*

*Cabe esclarecer que, o Artigo 318, da CLT, aprovado em 1º de maio de 1943, dizia que: "Num mesmo estabelecimento de ensino não poderá o professor dar, por dia, mais de 4 (quatro) aulas consecutivas, nem mais de 6 (seis), intercaladas". (*Na prática, isso não foi cumprido, salvo em raras situações*).

4.3.3 Comentários sobre as Bases Nacionais Comuns Curriculares – BNCCs, para os Ensinos Fundamental (homologada em 2017) e Médio (homologada em 2018)

As Bases Nacionais Comuns Curriculares - BNCCs são documentos de caráter normativo que definem o conjunto orgânico e progressivo de aprendizagens essenciais, que todos os alunos devem desenvolver ao longo das etapas e modalidades da Educação Básica (Educação Infantil, Ensino Fundamental e Ensino Médio), de modo que tenham assegurados seus direitos de aprendizagem e desenvolvimento, em conformidade com o que preceitua o Plano Nacional de Educação (PNE).

Em 20 de dezembro de 2017, o Ministério da Educação homologou o documento da Base Nacional Comum Curricular - BNCC para a etapa de nove anos do Ensino Fundamental (cinco anos iniciais e quatro anos finais) e em 14 de dezembro de 2018 homologou o documento da Base Nacional Comum Curricular para a etapa do Ensino Médio (três anos).

Ao longo da Educação Básica, as aprendizagens essenciais definidas nas BNCCs devem concorrer para assegurar aos estudantes o desenvolvimento de dez competências gerais, que consubstanciam, no âmbito pedagógico, os direitos de aprendizagem e desenvolvimento. Nas BNCCs, competências são definidas como a mobilização de conhecimentos (conceitos e procedimentos), habilidades (práticas, cognitivas e socioemocionais), atitudes e valores para resolver demandas complexas da vida cotidiana, do pleno exercício da cidadania e do mundo do trabalho.

Competências Gerais da Educação Básica

1. Valorizar e utilizar os conhecimentos historicamente construídos sobre o mundo físico, social, cultural e digital para entender e explicar a realidade, con-

tinuar aprendendo e colaborar para a construção de uma sociedade justa, democrática e inclusiva.

2. Exercitar a curiosidade intelectual e recorrer à abordagem própria das ciências, incluindo a investigação, a reflexão, a análise crítica, a imaginação e a criatividade, para investigar causas, elaborar e testar hipóteses, formular e resolver problemas e criar soluções (inclusive tecnológicas) com base nos conhecimentos das diferentes áreas.

3. Valorizar e fruir as diversas manifestações artísticas e culturais, das locais às mundiais, e também participar de práticas diversificadas da produção artístico-cultural.

4. Utilizar diferentes linguagens: verbal (oral ou visual-motora, como Libras, e escrita), corporal, visual, sonora e digital, bem como conhecimentos das linguagens artística, matemática e científica, para se expressar e partilhar informações, experiências, ideias e sentimentos em diferentes contextos e produzir sentidos que levem ao entendimento mútuo.

5. Compreender, utilizar e criar tecnologias digitais de informação e comunicação de forma crítica, significativa, reflexiva e ética nas diversas práticas sociais (incluindo as escolares) para se comunicar, acessar e disseminar informações, produzir conhecimentos, resolver problemas e exercer protagonismo e autoria na vida pessoal e coletiva.

6. Valorizar a diversidade de saberes e vivências culturais e apropriar-se de conhecimentos e experiências que lhe possibilitem entender as relações próprias do mundo do trabalho e fazer escolhas alinhadas ao exercício da cidadania e ao seu projeto de vida, com liberdade, autonomia, consciência crítica e responsabilidade.

7. Argumentar com base em fatos, dados e informações confiáveis, para formular, negociar e defender ideias, pontos de vista e decisões comuns que respeitem e promovam os direitos humanos, a consciência socioambiental e o consumo responsável em âmbito local, regional e global, com posicionamento ético em relação ao cuidado de si mesmo, dos outros e do planeta.

8. Conhecer-se, apreciar-se e cuidar de sua saúde física e emocional, compreendendo-se na diversidade humana e reconhecendo suas emoções e as dos outros, com autocrítica e capacidade para lidar com elas.

9. Exercitar a empatia, o diálogo, a resolução de conflitos e a cooperação, fazendo-se respeitar e promovendo o respeito ao outro e aos direitos humanos, com acolhimento e valorização da diversidade de indivíduos e de grupos sociais, seus saberes, identidades, culturas e potencialidades, sem preconceitos de qualquer natureza.

10. Agir pessoal e coletivamente com autonomia, responsabilidade, flexibilidade, resiliência e determinação, tomando decisões com base em princípios éticos, democráticos, inclusivos, sustentáveis e solidários.

4.4 A Pedagogia Digital aplicada à Educação Profissional Técnica de Nível Médio

O Ensino Técnico, ou curso técnico como é chamado na prática, é voltado para estudantes de Ensino Médio ou pessoas que já possuam este nível de instrução. Pode ser realizado por qualquer instituição de ensino com autorização prévia das Secretarias Estaduais de Educação ou Secretarias Estaduais de Ciência e Tecnologia, dependendo do Estado.

O ensino profissional no Brasil abrange as mais diversas áreas do conhecimento e não apenas a área industrial. O ensino técnico pode ser cursado de três formas:

Ensino técnico integrado: o aluno faz o curso técnico integrado ao Ensino Médio, obedecendo à opção de curso técnico feita no processo seletivo. Nesse caso, o aluno deve ter concluído o 1^{0} ano do Ensino Médio, para assim dar início ao curso técnico.

Ensino técnico com concomitância externa: o aluno faz o curso técnico simultaneamente ao Ensino Médio cursado em outra instituição. Nesse regime, o aluno deve estar cursando, o 2^{0} ou 3^{0} ano do Ensino Médio, para efeito de matrícula no respectivo curso técnico.

Ensino técnico subsequente: o aluno aprovado no processo seletivo e portador do certificado de conclusão do Ensino Médio ou equivalente, pode iniciar o curso técnico pretendido.

Como o próprio nome sugere, a Educação Profissional objetiva formar profissionais, para atuar diretamente no mercado, nas mais diversas áreas. A formação profissional em curso técnico de nível médio é muito importante para qualquer país, principalmente em épocas de forte crescimento e intensa inovação tecnológica. No Brasil existem centenas de escolas de ensino profissional de nível médio, ou cursos técnicos, particulares e públicas (a maioria). Estas escolas existem nos três âmbitos: municipal, estadual e federal, podendo ser agregadas a instituições de Ensino Superior, como os Institutos Superior de Educação Tecnológica e até de forma isolada.

Como no Ensino Médio, os alunos deste nível de ensino já não são mais crianças, mas sim jovens e adultos, pois já estão com 15 anos de idade ou mais, portanto, as aulas digitais, além de atenderem à Base Nacional Comum Curricular – BNCC, também têm que ter imagens e movimentos, também privilegiando a Ludopedagogia e a Ecopedagogia, porém já apresentando mais aplicações reais e práticas dos conteúdos programáticos, da melhor maneira possível. As aulas digitais devem ser geradas e assistidas, seguindo o que já foi recomendado para o Ensino Médio, no parágrafo 4.3.2.1.

Outra observação é que, para a modalidade onde o aluno já tem o Ensino Médio concluído (Ensino Técnico Subsequente), as aulas serão das disciplinas técnicas, relacionadas ao curso em questão. Neste caso, as aulas digitais poderão seguir em muito o projeto e detalhes da Heutagogia Digital Ampliada, ou seja, aulas voltadas para a formação profissional de adultos.

4.5 A Pedagogia Digital Aplicada à Educação de Jovens e Adultos (EJA)

Quem chegou à idade adulta e não teve oportunidade de iniciar ou concluir os Ensinos Fundamental ou Médio, pode ter acesso a essas etapas por meio de cursos e avaliações diferenciadas, quais sejam:

EJA - (Educação para Jovens e Adultos), CEEJA - (Centros Estaduais de Educação de Jovens e Adultos) e ENCCEJA – (Exame Nacional para Certificação de Competências de Jovens e Adultos). Existem alguns requisitos que o candidato ao programa precisa cumprir para ser contemplado.

Primeiro, é necessário ter no mínimo 16 anos, para quem já cursou o Ensino Fundamental nos anos iniciais, ou seja, até o 5º ano e quer continuar os estudos, a partir do 6º ano. Obviamente, o aluno tem que morar em uma das cidades que ofereçam o programa. Para quem não tem o Ensino Fundamental, tem que ter no mínimo 15 anos. Para quem já tem os nove anos do Ensino Fundamental e quer fazer o Ensino Médio, precisa ter pelo menos 18 anos.

O CEEJA oferece carga horária flexível e dá oportunidade a alunos com mais de 18 anos que querem voltar à sala de aula. No CEEJA, o aluno recebe o material de ensino no ato da matrícula e é orientado a criar um plano de estudos. As aulas são a distância, mas sempre que sentir necessidade, o estudante pode recorrer ao centro para tirar dúvidas presenciais com professores.

O ENCCEJA é exclusivamente voltado para a conclusão do Ensino Fundamental, oferecido para jovens e adultos a partir de 15 anos. Trata-se de uma avaliação aplicada anualmente pelo Inep (Instituto Nacional de Estudos e Pesquisas Educacionais Anísio Teixeira). Aqueles que não atingirem o desempenho necessário para obter o certificado ainda poderão solicitar o atestado parcial de conclusão nas áreas de conhecimento nas quais atingiu a nota necessária. A partir disso, o candidato pode prestar novamente o exame ou concluir as demais disciplinas por meio da EJA ou em um CEEJA.

Embora o Decreto que regulamenta a Educação a Distância no Brasil (Decreto nº 9.057, de 25/05/2017), preveja esta modalidade de ensino, o autor entende ser muito difícil sua aplicação no Brasil, principalmente devido a exigência de se ter acesso a um recurso tecnológico como um computador.

Com relação à parte pedagógica digital, as aulas do EJA, devem ser um pouco diferente daquelas citadas para os Ensinos Fundamental e Médio, uma vez que, majoritariamente os alunos são adultos, muitos com idades acima dos 30 anos (alguns até com mais de 60 anos). As aulas devem ser lúdicas, inter e transdisciplinares, com ênfase na cidadania e proteção ao meio ambiente (Ecopedagogia). As aulas digitais, dessa modalidade de ensino, devem mesclar, as recomendações para as aulas do Ensino Médio, parágrafo 4.3.2.1, bem como da Heutagogia digital Ampliada, citada no parágrafo 4.8.

4.6 A Pedagogia Digital aplicada à Educação Especial (alunos com necessidades educacionais especiais)

A Resolução nº 2/2001, aprovada pela Câmara de Educação Básica – CEB, do Conselho Nacional de Educação - CNE, coloca para os sistemas de ensino o desafio de se organizar para incluir os alunos e atender suas necessidades educacionais especiais.

A Secretaria de Educação Especial (Seesp) desenvolve programas, projetos e ações a fim de implementar no país a Política Nacional de Educação Especial. A partir da nova política, os alunos considerados público-alvo da Educação Especial são aqueles com deficiência, transtornos globais de desenvolvimento e com altas habilidades/superdotação. O Decreto n⁰ 7.611, de 17 de novembro de 2011, regula a Educação Especial.

Embora não seja objetivo deste livro fazer uma ampla análise da Educação Especial, é importante transcrever o Decreto n⁰ 7.611, para que o leitor tenha ideia sobre como podem ser planejadas e realizadas aulas digitais para alunos com necessidades especiais. O grande desafio é que são as mais diversas necessidades especiais. Por exemplo, como elaborar aulas digitais para alunos com deficiências visuais? E para alunos autistas? E quanto aos níveis de ensino, por exemplo, Fundamental e Médio? Tem-se um grande desafio.

A grande recomendação que o autor cita é que, o planejamento e a elaboração das aulas à distância, para alunos com necessidades educacionais especiais, sejam acompanhados também por professores com formação e práticas psicopedagógicas, bem como professores de Arte.

Decreto nº 7.611, de 17 de novembro de 2011. Dispõe sobre a Educação Especial, o atendimento educacional especializado e dá outras providências.

A Presidenta da República, no uso das atribuições que lhe confere o art. 84, incisos IV e VI, alínea "a", da Constituição, e tendo em vista o disposto no art. 208, inciso III, da Constituição, arts. 58 a 60 da Lei nº 9.394, de 20 de dezembro de 1996, art. 9º, § 2º, da Lei nº 11.494, de 20 de junho de 2007, art. 24 da Convenção sobre os Direitos das Pessoas com Deficiência e seu Protocolo Facultativo, aprovados por meio do Decreto Legislativo nº 186, de 9 de julho de 2008, com *status* de emenda constitucional, e promulgados pelo Decreto nº 6.949, de 25 de agosto de 2009, decreta:

Art. 1º O dever do Estado com a educação das pessoas público-alvo da educação especial será efetivado de acordo com as seguintes diretrizes:

I - garantia de um sistema educacional inclusivo em todos os níveis, sem discriminação e com base na igualdade de oportunidades;

II - aprendizado ao longo de toda a vida;

III - não exclusão do sistema educacional geral sob alegação de deficiência;

IV - garantia de ensino fundamental gratuito e compulsório, asseguradas adaptações razoáveis de acordo com as necessidades individuais;

V - oferta de apoio necessário, no âmbito do sistema educacional geral, com vistas a facilitar sua efetiva educação;

VI - adoção de medidas de apoio individualizadas e efetivas, em ambientes que maximizem o desenvolvimento acadêmico e social, de acordo com a meta de inclusão plena;

VII - oferta de educação especial preferencialmente na rede regular de ensino; e

VIII - apoio técnico e financeiro pelo Poder Público às instituições privadas sem fins lucrativos, especializadas e com atuação exclusiva em educação especial.

§ 1º Para fins deste Decreto, considera-se público-alvo da Educação Especial as pessoas com deficiência, com transtornos globais do desenvolvimento e com altas habilidades ou superdotação.

§ 2º No caso dos estudantes surdos e com deficiência auditiva serão observadas as diretrizes e princípios dispostos no Decreto nº 5.626, de 22 de dezembro de 2005.

Art. 2º A Educação Especial deve garantir os serviços de apoio especializado voltado a eliminar as barreiras que possam obstruir o processo de escolarização de estudantes com deficiência, transtornos globais do desenvolvimento e altas habilidades ou superdotação.

§ 1º Para fins deste Decreto, os serviços de que trata o *caput* serão denominados atendimento educacional especializado, compreendido como o conjunto de atividades, recursos de acessibilidade e pedagógicos organizados institucional e continuamente, prestado das seguintes formas:

I - complementar à formação dos estudantes com deficiência, transtornos globais do desenvolvimento, como apoio permanente e limitado no tempo e na frequência dos estudantes às salas de recursos multifuncionais; ou

II - suplementar à formação de estudantes com altas habilidades ou superdotação.

§ 2º O atendimento educacional especializado deve integrar a proposta pedagógica da escola, envolver a participação da família para garantir pleno acesso e participação dos estudantes, atender às necessidades específicas das pessoas público-alvo da Educação Especial, e ser realizado em articulação com as demais políticas públicas.

Art. 3º São objetivos do atendimento educacional especializado:

I - prover condições de acesso, participação e aprendizagem no ensino regular e garantir serviços de apoio especializados de acordo com as necessidades individuais dos estudantes;

II - garantir a transversalidade das ações da Educação Especial no ensino regular;

III - fomentar o desenvolvimento de recursos didáticos e pedagógicos que eliminem as barreiras no processo de ensino e aprendizagem; e

IV - assegurar condições para a continuidade de estudos nos demais níveis, etapas e modalidades de ensino.

Art. 4º O Poder Público estimulará o acesso ao atendimento educacional especializado de forma complementar ou suplementar ao ensino regular, assegurando a dupla matrícula nos termos do art. 9º-A do Decreto no 6.253, de 13 de novembro de 2007.

Art. 5º A União prestará apoio técnico e financeiro aos sistemas públicos de ensino dos Estados, Municípios e Distrito Federal, e a instituições comunitárias, confessionais ou filantrópicas sem fins lucrativos, com a finalidade de ampliar a oferta do atendimento educacional especializado aos estudantes com deficiência, transtornos globais do desenvolvimento e altas habilidades ou superdotação, matriculados na rede pública de ensino regular.

§ 1º As instituições comunitárias, confessionais ou filantrópicas sem fins lucrativos de que trata o *caput* devem ter atuação na educação especial e serem conveniadas com o Poder Executivo do ente federativo competente.

§ 2º O apoio técnico e financeiro de que trata o *caput* contemplará as seguintes ações:

I - aprimoramento do atendimento educacional especializado já ofertado;

II - implantação de salas de recursos multifuncionais;

III - formação continuada de professores, inclusive para o desenvolvimento da educação bilíngue para estudantes surdos ou com deficiência auditiva e do ensino do Braile para estudantes cegos ou com baixa visão;

IV - formação de gestores, educadores e demais profissionais da escola para a educação na perspectiva da educação inclusiva, particularmente na aprendizagem, na participação e na criação de vínculos interpessoais;

V - adequação arquitetônica de prédios escolares para acessibilidade;

VI - elaboração, produção e distribuição de recursos educacionais para a acessibilidade; e

VII - estruturação de núcleos de acessibilidade nas instituições federais de educação superior.

§ 3º As salas de recursos multifuncionais são ambientes dotados de equipamentos, mobiliários e materiais didáticos e pedagógicos para a oferta do atendimento educacional especializado.

§ 4º A produção e a distribuição de recursos educacionais para a acessibilidade e aprendizagem incluem materiais didáticos e paradidáticos em Braille, áudio e Língua Brasileira de Sinais - LIBRAS, *laptops* com sintetizador de voz, *softwares* para comunicação alternativa e outras ajudas técnicas que possibilitam o acesso ao currículo.

§ 5º Os núcleos de acessibilidade nas instituições federais de educação superior visam eliminar barreiras físicas, de comunicação e de informação que restringem a participação e o desenvolvimento acadêmico e social de estudantes com deficiência.

Art. 6º O Ministério da Educação disciplinará os requisitos, as condições de participação e os procedimentos para apresentação de demandas para apoio técnico e financeiro direcionado ao atendimento educacional especializado.

Art. 7º O Ministério da Educação realizará o acompanhamento e o monitoramento do acesso à escola por parte dos beneficiários do benefício de prestação continuada, em colaboração com o Ministério da Saúde, o Ministério do Desenvolvimento Social e Combate à Fome e a Secretaria de Direitos Humanos da Presidência da República.

Art. 8º O Decreto nº 6.253, de 2007, passa a vigorar com as seguintes alterações:

"Art. 9º-A. Para efeito da distribuição dos recursos do FUNDEB, será admitida a dupla matrícula dos estudantes da educação regular da rede pública que recebem atendimento educacional especializado.

§ 1º A dupla matrícula implica o cômputo do estudante tanto na educação regular da rede pública, quanto no atendimento educacional especializado.

§ 2º O atendimento educacional especializado aos estudantes da rede pública de ensino regular poderá ser oferecido pelos sistemas públicos de ensino ou por instituições comunitárias, confessionais ou filantrópicas sem fins lucrativos, com atuação exclusiva na educação especial, conveniadas com o Poder Executivo competente, sem prejuízo do disposto no art. 14."

"Art. 14. Admitir-se-á, para efeito da distribuição dos recursos do FUNDEB, o cômputo das matrículas efetivadas na educação especial oferecida por instituições comunitárias, confessionais ou filantrópicas sem fins lucrativos, com atuação exclusiva na educação especial, conveniadas com o Poder Executivo competente.

§ 1º Serão consideradas, para a educação especial, as matrículas na rede regular de ensino, em classes comuns ou em classes especiais de escolas regulares, e em escolas especiais ou especializadas.

§ 2º O credenciamento perante o órgão competente do sistema de ensino, na forma do art. 10, inciso IV e parágrafo único, e art. 11, inciso IV, da Lei nº 9.394, de 1996, depende de aprovação de projeto pedagógico."

Art. 9º As despesas decorrentes da execução das disposições constantes deste Decreto correrão por conta das dotações próprias consignadas ao Ministério da Educação.

Art. 10. Este Decreto entra em vigor na data de sua publicação.

Art. 11. Fica revogado o Decreto nº 6.571, de 17 de setembro de 2008.

Brasília, 17 de novembro de 2011; 190º da Independência e 123º da República.

4.7 Andragogia/Antropogogia Digital aplicada ao ensino superior formal de adultos (cursos de bacharelado, licenciatura e de curta duração)

A Andragogia refere-se à educação de adultos, em oposição à Pedagogia, que se refere à educação de crianças e jovens. Por educação formal de adultos, entende-se a não formação profissional específica (que é da área da Heutagogia Digital Ampliada). Mais uma vez deve ser citado que, a palavra Andragogia, com o prefixo "Andro", remete aos homens, ou seja, exclui as mulheres. O mais correto politicamente é usar o termo Antropogogia, uma vez que, o prefixo "Antropo" se aplica aos dois gêneros básicos: homens e mulheres. No Brasil, legalmente, adultos são as pessoas com idade igual e maior de 18 anos.

Neste livro, a Antropogogia Digital refere-se à educação formal (não profissional continuada) de adultos no nível superior, ou seja, de graduação, nos seus três tipos: Bacharelado, Licenciatura e de curta duração (forma tecnólogos), não incluindo cursos de pós-graduação, objetos da Heutagogia Digital Ampliada.

Como a Antropogogia Digital, definida neste livro, só se aplica aos cursos superiores de graduação, é importante citar as partes do Decreto nº 9.057, de 25/05/2017, aplicado à modalidade a distância, que no Capítulo III, trata da oferta de cursos na modalidade na Educação Superior:

Art. 11. As instituições de ensino superior privadas deverão solicitar credenciamento para a oferta de cursos superiores na modalidade a distância ao Ministério da Educação.

§ 2º É permitido o credenciamento de instituição de ensino superior exclusivamente para oferta de cursos de graduação e de pós-graduação *lato sensu* na modalidade a distância.

§ 3º A oferta de curso de graduação é condição indispensável para a manutenção das prerrogativas do credenciamento de que trata o § 2º.

Art. 12. As instituições de ensino superior públicas dos sistemas federal, estadual e distrital, ainda não credenciadas para a oferta de cursos superiores na modalidade a distância, ficam automaticamente credenciadas, pelo prazo de cinco anos, contado do início da oferta do primeiro curso de graduação nesta modalidade, condicionado à previsão no Plano de Desenvolvimento Institucional.

Art. 14. As instituições de ensino credenciadas para a oferta de educação superior na modalidade a distância que detenham a prerrogativa de autonomia dos sistemas de ensino federal, estaduais e distrital independem de autorização para funcionamento de curso superior na modalidade a distância.

Parágrafo único. Na hipótese de que trata o *caput*, as instituições de ensino deverão informar o Ministério da Educação quando da oferta de curso superior na modalidade a distância, no prazo de sessenta dias, contado da data de criação do curso, para fins de supervisão, de avaliação e de posterior reconhecimento, nos termos da legislação específica.

Art. 19. A oferta de cursos superiores na modalidade a distância admitirá regime de parceria entre a instituição de ensino credenciada para educação a distância e outras pessoas jurídicas, preferencialmente em instalações da instituição de ensino, exclusivamente para fins de funcionamento de polo de educação a distância, na forma a ser estabelecida em regulamento e respeitado o limite da capacidade de atendimento de estudantes.

§ 1º A parceria de que trata o *caput* deverá ser formalizada em documento próprio, o qual conterá as obrigações das entidades parceiras e estabelecerá a responsabilidade exclusiva da instituição de ensino credenciada para educação a distância ofertante do curso quanto a:

I - prática de atos acadêmicos referentes ao objeto da parceria;
II - corpo docente;
III - tutores;
IV - material didático; e
V - expedição das titulações conferidas.

§ 2º O documento de formalização da parceria de que trata o §1º, ao qual deverá ser dada ampla divulgação, deverá ser elaborado em consonância com o Plano de Desenvolvimento Institucional de cada instituição de ensino credenciada para educação a distância.

§ 3º A instituição de ensino credenciada para educação a distância deverá manter atualizadas junto ao Ministério da Educação as informações sobre os polos, a celebração e o encerramento de parcerias, na forma a ser estabelecida em regulamento, a fim de garantir o atendimento aos critérios de qualidade e assegurar os direitos dos estudantes matriculados.

Com relação à parte pedagógica, as aulas planejadas e elaboradas para a Antropogogia Digital, devem ser adaptadas segundo cada curso superior de Bacharelado, Licenciatura ou de curta duração (forma tecnólogos), já que os objetivos são diferentes.

Embora nos três casos, as aulas devam ser inter e transdisciplinares, com muitas imagens, há que se respeitar as especificidades de cada um destes cursos, bem como as de cada área. Por exemplo, um bacharelado em Matemática, pode ter menos imagens do que um em Biologia. Outra coisa importante é que alguns bacharelados, como Engenharia, Medicina e Direito, formam profissionais prontos para atuar em áreas específicas, ou seja, têm uma carga horária profissional muito forte. Para estes cursos de bacharelado, recomenda-se seguir a filosofia didático-pedagógica da Heutagogia Digital Ampliada. Em 2021, o autor não tinha informação de curso superior completo de Medicina a distância. O que existiam eram alguns cursos de extensão e aperfeiçoamento (de até seis meses), a distância, em algumas especialidades médicas.

As licenciaturas, de forma geral, devem enfatizar as disciplinas didático-pedagógicas, principalmente com imagens e sons de aulas reais, ou seja, aulas digitais de aulas presenciais. Todo aluno de licenciatura, por Lei, é obrigado a cursar determinadas horas em estágios supervisionados, quando o futuro professor assiste aulas da Educação Básica. Também baseado na sua experiência, como professor na Educação Básica, o autor sugere que os estágios supervisionados sejam realizados, preferencialmente, nos diversos tipos de ensino, a saber: Ensino Fundamental do 6º ao 9º ano, Ensino Médio, Curso Técnico

Profissional de Nível Médio e Educação de Jovens e Adultos – EJA. Desta forma o futuro professor terá tido vivências em todos os níveis e tipos de ensino, para os quais estará habilitado.

Embora as graduações de curta duração a distância, que formam tecnólogos, objetivam profissionais específicos para determinadas áreas, recomenda-se que sigam também a filosofia da Antropogogia Digital, ao invés da Heutagogia Digital Ampliada, já que estão no nível da graduação. Fica óbvio que para cursos de tecnólogos, as disciplinas digitais têm que ser extremamente práticas, objetivas e com muitos exemplos reais e específicos.

4.8 Heutagogia Digital Ampliada (aplicada aos cursos livres e a todas as Pós-graduações *lato* e *stricto sensu*)

O termo Heutagogia (do grego: *heuta* = auto + *agogus* = guiar) propõe um processo educacional no qual o estudante é o único responsável pela aprendizagem, sendo um modelo alinhado à Tecnologia da Informação e Comunicação e às inovações de *e-learning*. É um tipo de aprendizagem autodirecionada em que o aluno é o gestor e programador de seu próprio processo de aprendizagem através do autodidatismo, autodisciplina e auto-organização. Na Heutagogia a relação entre tutor e aluno é pautada pelo total protagonismo do aluno. É o aluno quem determina seus próprios objetivos e caminhos de aprendizagem, sob uma orientação não impositiva do tutor. Originalmente foi proposta, no ano 2000, voltada para a educação profissional continuada, ou seja, para o treinamento e ou aperfeiçoamento de funcionários de empresas. Basicamente, a Heutagogia foi a grande impulsionadora das chamadas "Universidades Corporativas".

Universidade Corporativa é uma entidade de ensino, vinculada a empresas públicas ou privadas. Também conhecida como Universidade Empresarial, normalmente oferece treinamentos a funcionários, tanto no nível de cursos técnicos, quanto de graduação no nível superior. Este tipo de entidade de ensino é considerada como atuando no campo da Pedagogia Empresarial. Basicamente, o objetivo da Universidade Corporativa é oferecer cursos específicos para funcionários de uma empresa. Deste modo, é possível que uma empresa crie cursos e treinamentos com alto nível de personalização para refletir as políticas, estratégias e objetivos empresariais.

Em verdade, a Heutagogia utiliza ambientes de aprendizagem, denominados nos meios acadêmicos como Nuvem de Aprendizado Pessoal ou *Personal Learning Clouds* - PLC, sendo apontado como uma das principais tendências futuras da Educação: O PLC permite a criação rápida e de baixo custo de universidades corporativas e programas de aprendizado interno da mesma maneira que plataformas como Facebook e Instagram facilitam a formação de grupos de discussão.

Neste livro, a Heutagogia Digital Ampliada, é pensada como aplicada apenas aos cursos livres e de pós-graduações, tanto nos níveis *lato*, quanto nos de *stricto sensu*. Mais do que apenas para adultos, nestes níveis de ensino os objetivos são bem específicos, mesmo nos mestrados e doutorados profissionais e acadêmicos. Antes de citar detalhes de como o autor entende que devam ser os planejamentos didáticos pedagógicos, de cada nível e tipo de ensino, segundo a Heutagogia Digital Ampliada, é importante lembrar e resumir quais e o que são os cursos e níveis das pós-graduações no Brasil.

- Pós-graduações no Brasil
  - Cursos livres*
    - Extensão (poucas horas de duração)
    - Aperfeiçoamento (sem horas estabelecidas)
  - *Lato sensu* (sentido amplo)
    - Especialização (MBA)
    - Mínimo de 360 horas/aula
  - *Stricto sensu* (sentido restrito)
    - Mestrado acadêmico (cerca de dois anos)
    - Mestrado profissional (cerca de dois anos)
    - Doutorado acadêmico (de três a quatro anos)
    - Doutorado profissional (de três a quatro anos)
    - Pós-doutorado (mínimo de um ano)

* A rigor, não existe obrigatoriedade de ter uma graduação, para seguir um curso de extensão. Os cursos livres podem ser classificados em corporativos e não corporativos, e não são regulamentados por nenhum órgão educacional. Os corporativos são elaborados para atender às necessidades específicas de uma determinada empresa (conceito da Pedagogia Empresarial), enquanto os não corporativos são oferecidos para o público em geral, sendo os alunos vinculados ou não a uma instituição.

Aperfeiçoamento é uma modalidade de ensino para que profissionais (com curso superior) que tenham habilidades específicas possam possuir outras habilidades somadas como formação de atualização. O MEC possui uma secretaria com foco voltado para o aperfeiçoamento de professores nas instituições de ensino no Brasil de onde, em dezembro de 2003, surgiu o Capemp (Comissão de Aperfeiçoamento de Professores do Ensino Médio e Profissional). Cursos de aperfeiçoamento são muito comuns nas áreas de Medicina e Engenharia.

As Pós-graduações *lato sensu* compreendem programas de especialização e incluem os cursos designados como MBA (*Master Business Administration*). Com duração mínima de 360 horas, ao final do curso, o aluno obterá certificado e não diploma. São abertos a candidatos diplomados em cursos superiores e que atendam às exigências das instituições de ensino, conforme a Lei de Diretrizes e Bases - LDB.

O **Mestrado Acadêmico** tem por objetivo, tanto iniciar o aluno na pesquisa científica, quanto aperfeiçoar a formação de professores, principalmente quanto aos cursos de mestrado voltados para as áreas de educação/pedagogia. A área de conhecimento é bem focada e constitui-se em um subconjunto da área profissional (aquela estudada em todo um curso de graduação). Além de disciplinas mais avançadas, que incluem uma parcela significativa de pesquisa bibliográfica individual e de trabalho de interpretação, é desenvolvido um trabalho de iniciação à pesquisa científica. Espera-se que ao final do curso o aluno tenha adquirido capacidade de desenvolver trabalho autônomo. Este trabalho caracteriza-se pela busca de referências, métodos e tecnologias atuais e sua aplicação de forma criativa. Espera-se também, a demonstração de capacidade de redação de textos científicos. Esta capacidade é evidenciada, principalmente, pelo texto da monografia, chamada de dissertação de mestrado. No Brasil, mestres recebem a denominação latina de *Magister Scientiae* ou de forma resumida M.Sc. O curso de mestrado acadêmico tem a duração máxima recomendada de dois anos.

O **Mestrado Profissional** é uma modalidade de Pós-graduação *stricto sensu* voltada para a capacitação de profissionais, nas diversas áreas do conhecimento, mediante o estudo de técnicas, processos, ou temáticas que atendam a alguma demanda do mercado de trabalho.

Seu objetivo é contribuir com o setor produtivo nacional no sentido de agregar um nível maior de competitividade e produtividade a empresas e organizações, sejam elas públicas ou privadas. As propostas de cursos na modalidade Mestrado Profissional devem apresentar uma estrutura curricular que enfatize a articulação entre conhecimento atualizado, domínio da metodologia pertinente e aplicação orientada para o campo de atuação profissional específico. Para isto, uma parcela do quadro docente deve ser constituída de profissionais reconhecidos em suas áreas de conhecimento por sua qualificação e atuação destacada em campo pertinente ao da proposta do curso. O trabalho final do curso deve ser sempre vinculado a problemas reais da área de atuação do profissional-aluno e de acordo com a natureza da área e a finalidade do curso, podendo ser apresentado em diversos formatos. Do ponto de vista legal e prático (por exemplo, para o magistério), o Mestrado Profissional tem os mesmos direitos do Acadêmico. O Mestrado Profissional é Regulamentado pela Portaria MEC Nº 389, de 23 de março de 2017 e pela Portaria CAPES Nº 131, de 28 de junho de 2017.

Doutorado Acadêmico. Inicialmente deve ser dito que não existe nenhuma exigência legal para que uma pessoa que queira fazer um Doutorado tenha que ter o Mestrado ou alguma Pós-graduação *lato sensu*. Ou seja, em teoria pode-se ir diretamente da graduação para o Doutorado, inclusive os tecnólogos, que fazem uma graduação de curta duração. No Brasil não existe esta "prática" e nossas universidades exigem, para os candidatos ao Doutorado, entre outras exigências o Mestrado completo, com raras exceções. O Doutorado obtém-se com a defesa de uma tese, que deve ser um trabalho original, não necessariamente uma "descoberta inédita". O Doutorado Acadêmico é mais voltado à pesquisa científica (forma cientistas), enquanto o Mestrado Acadêmico é mais voltado para a docência. O curso de Doutorado tem uma duração média de quatro anos. No Brasil, doutores recebem a denominação latina de *Doctor Scientiae* ou de forma resumida D.Sc. Quando o Doutorado é obtido em um país de língua inglesa a denominação é *Philosophy Doctor* ou de forma resumida Ph. D.

O **Doutorado Profissional** tem os mesmos objetivos do Mestrado Profissional, porém com as características da defesa de uma tese. Do ponto de vista legal e prático (por exemplo, para o magistério), o Doutorado Profissional tem os mesmos direitos do Acadêmico, sendo Regulamentado pela Portaria MEC Nº 389, de 23 de março de 2017.

O **Pós-doutorado** consiste em uma atividade especializada ou estágio de pesquisa em universidade, realizado após a conclusão do Doutorado, normalmente agregando um nível de excelência em determinada área do conhecimento. Ao contrário das Pós-graduações de Mestrado e Doutorado, o estágio de Pós-doutorado não visa obtenção de um título, nem tem diploma, mas sim, um certificado. Em outras palavras, não existe, oficialmente, o título pós-doutor. O pesquisador pós-doutorando não tem vínculo trabalhista com a instituição que o recepciona e pode ou não ter bolsa de estudos que o financiará. É comum haver um professor supervisor, Doutor, na instituição, que será responsável por fiscalizar a realização dos objetivos da pesquisa. O objetivo maior é o aprofundamento da pesquisa em dada área do conhecimento, mas pode haver também a possibilidade de o pós-doutorando ter atividades paralelas, tais como oferecer cursos, aulas e palestras, assim como participar em júris ou bancas de avaliação, como no caso de avaliações de Mestrados e Doutorados. Também é comum, um professor Doutor realizar uma pesquisa de Pós-doutorado com o objetivo da publicação de um livro. (O professor José Abrantes, publicou dois livros, frutos de duas pesquisas em nível de pós-doutoramento).

Com relação à parte pedagógica, as aulas planejadas e elaboradas para a Heutagogia Digital Ampliada, podem seguir trilhas e procedimentos diversos, em função dos diversos cursos, níveis e objetivos dos cursos de Pós-graduação. De forma geral, o que se recomenda é que as aulas à distância destes cursos sejam as mais práticas, objetivas e contextualizadas possíveis, obviamente respeitando-se a particularidade de cada curso e nível. Por exemplo, não dá para comparar uma Pós-graduação *lato sensu*, por exemplo, em Gestão de Materiais, com um Doutorado em Engenharia de Produção, voltada à Logística, embora sejam da mesma área de conhecimento.

Já há muito tempo, especialmente após a plena operação da Internet no Brasil (após 1997/98), que, devido suas particularidades, cursos de Mestrado e Doutorado são na prática, na modalidade semipresencial. Esses cursos, especialmente os de Doutorado, têm poucas disciplinas a serem cumpridas, mas muita pesquisa, muitos seminários e muita leitura, que não necessariamente são realizados na instituição de ensino onde se realiza o curso. Doutorandos têm poucas aulas presenciais e muita pesquisa fora e muito contato digital com o orientador.

Um bom exemplo é o PROFMAT, o Mestrado Profissional em Matemática em Rede Nacional, um mestrado semipresencial na área de Matemática com oferta nacional. Trata-se de um programa de Pós-graduação *stricto sensu* em Matemática, reconhecido e avaliado pela CAPES, credenciado pelo Conselho Nacional de Educação – CNE, validado pelo Ministério da Educação e conduzido ao título de Mestre. O PROFMAT tem como objetivo proporcionar formação matemática aprofundada e relevante ao exercício da docência na Educação Básica, visando dar ao egresso a qualificação certificada para o exercício da profissão de professor de Matemática. O PROFMAT é realizado por Instituições de Ensino Superior associadas em uma Rede Nacional, no âmbito do Sistema Universidade Aberta do Brasil (UAB). É coordenado pela Comissão Acadêmica Nacional, que opera sob a égide da Diretoria da Sociedade Brasileira de Matemática - SBM, com apoio do Instituto de Matemática Pura e Aplicada – IMPA, baseado no Rio de Janeiro.

Observa-se que, a Comissão de Aperfeiçoamento de Pessoal do Nível Superior - CAPES é o órgão do Ministério da Educação responsável pelo reconhecimento e a avaliação de cursos de Pós-graduação *stricto sensu* (mestrado profissional e acadêmico e doutorado profissional e acadêmico) em âmbito nacional.

Capítulo 5

"Novas Pedagogias" e "Novas" Tecnologias Digitais Aplicadas à Educação

Inicialmente, observa-se que, as palavras "novas", citadas no título deste capítulo, foram grafadas entre aspas, pois as informações a seguir foram pesquisadas no primeiro semestre de 2022, ou seja, em poucos anos estas "novas" Pedagogias e Tecnologias Digitais estarão superadas por outras "mais novas".

Assim como no ensino presencial, também na Educação a Distância – EaD, aplicam-se tecnologias, teorias e métodos didático-pedagógicos diferentes, em função do nível e objetivo do ensino/curso. Fica óbvio que, um curso EaD, no nível de Pós-graduação *lato sensu*, por exemplo, para formar Gestor em Administração Hospitalar, terá que ter abordagens didático-pedagógicas diferentes de um curso EaD para formar, no nível de graduação, um Administrador Empresarial. Raciocínio análogo se aplica a cursos EaD, voltados à Educação Básica. Um curso técnico industrial de nível médio não deve necessariamente usar as mesmas tecnologias de um curso técnico da área de Saúde de nível médio.

Em todas as áreas, vive-se num mundo disruptivo (que altera), onde novos produtos, serviços e tecnologias surgem a todo instante, tornando obsoletas coisas já consagradas. Na educação superior, plataformas como os MOOCs e ferramentas como REA estão se consolidando, além dos *Nanodegrees*. O Ensino Híbrido, utilizando o conceito de *flipped classroom* (sala de aula invertida), e contando com metodologias ativas, está promovendo uma onda de mudanças e inovação na educação, sem precedentes. A Educação Híbrida era, em 2022, considerada o futuro da educação em todos os níveis. O autor concorda com essa tendência.

5.1 Curso *Online* Aberto e Massivo - MOOC (*Massive Open On-line Course*)

Curso *On-line* Aberto e Massivo ou *Massive Open On-line Course* - MOOC, é um tipo de curso aberto, gratuito ou não, oferecido por meio de ambientes virtuais de aprendizagem, ferramentas da Web 2.0 ou redes sociais, que visam oferecer para um grande número de alunos a oportunidade de ampliar seus conhecimentos num processo de coprodução. MOOC é um desenvolvimento após 2012, na área de Educação a Distância, e uma progressão dos ideais de educação aberta sugerido pelos REAs ou Recursos Educacionais Abertos. Embora o projeto e participação em um MOOC possa ser semelhante ao de um curso em uma faculdade ou universidade, os MOOC normalmente são gratuitos e não exigem pré-requisitos, mas também não oferecem certificados de participação. São ofertados para um grande número de alunos e possuem grande quantidade de material. Espera-se que, no futuro, possa haver validação por uma universidade através de uma avaliação presencial.

5.2 Recurso Educacional Aberto - REA

Sabe-se que, buscar imagens, vídeos, textos e outros recursos na Internet para usar em aula, seja presencial ou remota, é uma prática muito comum entre professores. Observa-se que, o fato desses materiais estarem disponíveis gratuitamente não significa que possam ser usados, livremente, como quiser. Sem a autorização expressa do autor ou editora, não se pode copiar, reutilizar ou remixar, nenhum texto e ou imagens.

Recursos Educacionais Abertos são materiais, digitais ou não, disponíveis para reter, reutilizar, remixar, reformular e recompartilhar. Estão licenciados de maneira aberta. Trata-se de um movimento ou comunidade internacional, impulsionado pela Internet, que tem como objetivo promover as cinco liberdades que são: o acesso para reter cópias, uso e reuso, readaptação em diferentes contextos, recombinação e redistribuição de REA, baseado na ideia de bens comuns. Segundo a UNESCO (Organização das Nações Unidas para a Educação, a Ciência e a Cultura), após um encontro em Julho de 2012, REAs são definidos como:

> Os materiais de ensino, aprendizagem e investigação em quaisquer suportes, digitais ou outros, que se situem no domínio público ou que tenham sido divulgados sob licença aberta que permite acesso, uso, adaptação e redistribuição gratuitos por terceiros, mediante nenhuma restrição ou poucas restrições. O licenciamento aberto é construído no âmbito da estrutura existente dos direitos de propriedade intelectual, tais como se encontram definidos por convenções internacionais pertinentes, e respeita a autoria da obra.

O conceito de Recurso Educacional Aberto consta da meta 7 do Plano Nacional de Educação - PNE, que versa sobre a qualidade da Educação Básica, diz que:

> *Selecionar, certificar e divulgar tecnologias educacionais para a Educação Infantil, o Ensino Fundamental e o Ensino Médio, assegurada a diversidade de métodos e propostas pedagógicas, com preferência para softwares livres e recursos educacionais abertos, bem como o acompanhamento dos resultados nos sistemas de ensino em que forem aplicadas.*

Os REAs podem incluir cursos completos, partes de cursos, módulos, guias para estudantes, anotações, livros didáticos, artigos de pesquisa, vídeos, instrumentos de avaliação, recursos interativos como simulações e jogos de interpretação, bancos de dados, *software*, aplicativos (incluindo versões para dispositivos móveis) e qualquer outro recurso educacional de utilidade. O movimento REA não é sinônimo de aprendizado *on-line*, EaD ou educação por meio de dispositivos móveis. Muitos REAs, mesmo que possam ser compartilhados por meio de formatos digitais, também podem ser impressos.

Segundo a portaria 451, de 16 de maio de 2018, do Ministério da Educação, todos os recursos para a Educação Básica, comprados com financiamento do Ministério, devem ser licenciados abertamente e utilizar formatos abertos sempre que tecnicamente viável.

Um exemplo de REA é o "Matemática Multimídia", um projeto com financiamento público produzido pela Universidade Estadual de campinas - Unicamp, para produção de recursos digitais com enfoque em Matemática para o Ensino Médio. Estão disponíveis vídeos (em 2022), guias para professores e outros recursos.

Outro exemplo é o "Projeto Folhas", focado na produção colaborativa de livros didáticos públicos, realizado no âmbito da Secretaria de Educação do estado do Paraná. Livros didáticos foram criados para todas as áreas do conhecimento e disponibilizados em formato PDF, permitindo reprodução total ou parcial, desde que citada a fonte (finalizado em 2010, porém com livros disponíveis *on-line*).

5.3 Nanocertificado - *Nanodegree*

O termo *Nanodegree* ou nanocertificado ou nanograu ou grau nano, remete à dimensão nano, ou seja, um bilionésimo (10^{-9}), portanto de uma conotação de uma "coisa" muito pequena. No caso da educação, este termo refere-se à modalidade de Ensino a Distância, que tem como objetivo fornecer uma formação a curto prazo (poucas horas). Cursos na modalidade *Nanodegree*, são formatados para corporações ou empresas (mercado de trabalho), especialmente para treinamento de funcionários, dentro do conceito da Pedagogia Empresarial. Esta característica não impede que módulos de cursos *Nanodegree* sejam utilizados em cursos de graduação na Educação a Distância.

Em vez de passar até dois anos em um curso de MBA, às vezes aprendendo coisas inúteis para sua carreira, o *Nanodegree* foca em habilidades práticas. Esses "nanocursos" duram no máximo seis meses, sendo bastante práticos. Pelo seu conceito, o *Nanodegree* pode ter um importante papel na Educação Profissional Continuada, uma exigência crescente do mercado, já que tudo muda o tempo todo e os cursos tradicionais e longos, não conseguem acompanhar as constantes mudanças. Os nanocursos são exemplos de aplicação prática da Heutagogia.

5.4 Sala de Aula Invertida (*Flipped Classroom*)

É um método pedagógico no qual o tradicional ensino com o professor em sala e as tarefas de casa são invertidos. Por exemplo, vídeos de curta duração (cinco a 30 minutos) sobre a aula são vistos em casa antes da aula presencial, enquanto que o tempo em sala de aula é dedicado para a realização de exercícios, projetos e discussões. Esses vídeos apresentam os conceitos fundamentais de um determinado conteúdo.

Os alunos assistem às apresentações fora da sala e do período de aula, em casa ou na própria escola, caso não tenham computador ou acesso à web. Na aula seguinte, os estudantes usam os conceitos apresentados no vídeo para solucionar problemas, com a ajuda do professor e de seus colegas. Dessa forma, o que é entendido como aula no esquema tradicional (onde o professor expõe os conceitos) transforma-se em debate sobre a "lição de casa", e a resolução de questões e debates para aprofundamento e sistematização, antes feita em casa, passa a ser uma das atividades em sala de aula.

Nessa modalidade de ensino/aprendizagem, alunos podem fazer o uso de videoaulas, *games*, *slides*, *e-books*, aplicativos ou qualquer outro material complementar que possa potencializar o processo de aprendizagem de forma dinâmica e inovadora. É importante a supervisão de um tutor para ajudar em dúvidas ou qualquer outra demanda que possa ocorrer.

O texto a seguir foi extraído, em 25/11/2017, do site: http://porvir.org/sala-de-aula-invertida-faz-os-alunos-aprenderem-de-forma-livre/

A ideia de inverter a ordem da aprendizagem tradicional foi colocada em prática por dois professores de Química, Jonathan Bergmann e Aron Sams, em 2007, em uma escola de uma cidade pequena e predominantemente rural do Colorado, nos Estados Unidos. Os dois perceberam que muitos alunos faltavam às aulas por conta de competições esportivas ou outras dificuldades, e ficavam atrasados em relação ao resto da turma. Por isso, decidiram gravar a parte expositiva de suas aulas, o que ajudaria esses alunos e de quebra facilitaria a vida dos próprios professores, que não precisariam repetir várias vezes a mesma explicação.

Com a ajuda de um *software* que gravava apresentações *Power Point* em formato de vídeo, incluindo voz e anotações, eles começaram a gravar as aulas e publicar o conteúdo em um *site*. Os vídeos permitiam ao estudante pausar o conteúdo para fazer anotações, voltar e assistir novamente, se não compreendesse, o que nem sempre consegue fazer com o professor em sala de aula.

Os professores se deram conta de que o momento em que os alunos mais precisavam deles era quando a dificuldade surgia ao fazer as tarefas e desafios, e não na aula expositiva. A mágica realmente acontece na aula. Como a parte expositiva ficou fora da sala de aula, em classe você pode ajudar mais como um tutor do aluno, acompanhá-lo de perto. O professor pode preparar atividades mais intrigantes, projetos de aprendizagem, experimentos e debates.

Em 2021, no Brasil, muitas escolas da Educação Básica, especialmente as privadas, já utilizavam o método da Sala de Aula Invertida. Observa-se que esse método pode ser utilizado também no Ensino Superior.

5.5 Ensino Híbrido

Também chamado de *blended learning*, ou semipresencial, alterna momentos em que o aluno estuda sozinho, em geral em ambiente virtual, e em grupo presencial, quando interage com seus colegas e o professor. É um modelo de educação que se caracteriza por mesclar dois modos de ensino: o *on-line*, em que geralmente o aluno estuda sozinho, aproveitando o potencial de ferramentas *on-line* que podem inclusive guardar dados individuais dos alunos sobre características gerais do seu tempo de estudo (acertos, erros, correções automáticas de suas atividades, tempo total de estudo, conteúdo estudado, dentre outros), e o *off-line*, tempo em que o aluno estuda em grupo, com o professor ou colegas, valorizando a interação e o aprendizado coletivo e colaborativo.

Na parte *on-line*, o aluno possui controle sobre o tempo, o modo, o ritmo ou o local. Por exemplo, o aluno pode estudar na escola, em sua casa, no laboratório de informática, na biblioteca ou mesa do pátio da escola. Ele pode fazer pesquisa em livros, em seu celular, em um computador ou usando um *tablet*. Pode estudar sozinho, em grupos ou somente pedir ajuda a alguém quando sentir necessidade. O que importa na parte *on-line* é o aluno ter controle sobre parte de seu estudo, tomando decisões que favoreçam sua autonomia.

A parte *off-line* é realizada na escola e pode ter vários momentos diferentes: o aluno estudando em grupos ou com a turma toda, com ou sem a presença fixa do professor, ou até mesmo em momentos individuais. O ponto forte dessa parte é a valorização das relações entre professor e alunos e entre estes. Todos os momentos estarão conectados a um objetivo central que é o objetivo de aprendizagem da aula.

Observa-se que, essa metodologia de ensino/aprendizagem transforma, tanto a maneira de ensinar do professor, quanto a de aprender dos alunos, que muito podem se beneficiar das inúmeras tecnologias digitais, que evoluem constantemente, como por exemplo, as realidades virtual e aumentada (e mais a frente a Inteligência Artificial).

5.6 A realidade virtual na Educação

Realidade virtual é uma tecnologia de interface avançada entre um usuário e um sistema operacional. O objetivo dessa tecnologia é recriar ao máximo a sensação de realidade para um indivíduo, levando-o a adotar essa interação como uma de suas realidades temporais. Para isso, essa interação é realizada em tempo real, com o uso de técnicas e de equipamentos computacionais que ajudem na ampliação do sentimento de presença do usuário.

Em termos práticos, trata-se de uma tecnologia capaz de "enganar" os sentidos de um usuário, por meio de um ambiente virtual, criado a partir de um sistema computacional. Ao induzir efeitos visuais, sonoros e até táteis, a realidade virtual permite a imersão completa em um ambiente simulado, com ou sem interação do usuário.

A realidade virtual faz com que a pessoa se sinta como se "realmente" estivesse naquele ambiente, embora, por exemplo, esteja sentado em uma cadeira ou em pé e com os óculos especiais. Observa-se que, especialmente em jogos, ocorreram situações em que a pessoa se sentia mal e confusa, ao usar os óculos de realidade virtual. Em verdade, nesses casos, ocorria uma "confusão" cerebral.

A criação de mundos virtuais está revolucionando a indústria dos jogos e do entretenimento, mas também pode criar aplicações muito interessantes em diversas áreas, como por exemplo, na medicina, e na Educação em geral. Treinamento de futuros médicos, tratamento de casos psiquiátricos, cirurgias, reabilitação, entre outros, eram exemplos, já usados desde 2015.

A Realidade Virtual também está sendo utilizada de diversas formas no tratamento da dor. Desde 2015, a Universidade de Washington desenvolveu um programa chamado *Snoworld*, que é um jogo de realidade virtual que tem como objetivo inundar os sentidos do paciente durante o tratamento de pessoas queimadas. A limpeza das feridas das queimaduras é algo extremamente doloroso. Os pesquisadores descobriram que quando os sentidos dos pacientes estão conectados ao ambiente virtual do jogo, eles distraem os pacientes. É como se os circuitos da dor fossem desligados. Foi informado que, o *Snoworld* chegava a ser mais eficiente do que a morfina em alguns casos.

Outra aplicação muito interessante que utiliza a realidade virtual na medicina, também relatada em 2015, é para o tratamento da dor fantasma, um problema comum em pessoas que sofreram amputações de membros e para o qual praticamente não existia tratamento. A realidade virtual ajuda a reconectar o cérebro com a realidade do membro amputado, possibilitando estratégias de relaxamento e controle da dor. A dor fantasma é a "sensação", por exemplo, que uma pessoa sem a perna direita, sente ao relatar dor no pé direito, que foi amputado.

Na área de Arquitetura, já, há alguns anos, a realidade virtual é utilizada, por exemplo, para que uma pessoa interessada em comprar um apartamento, ao colocar os óculos especiais, tenha a sensação de estar "realmente" visitando o apartamento, em todos os cômodos, inclusive já decorado e mobiliado.

Na realidade virtual aplicada à Educação, a ideia é ir além dos livros e das aulas convencionais para interagir com o objeto de estudo, pois estar inserido no contexto do assunto e ser capaz de manipular o conteúdo, mesmo que virtualmente, contribui bastante com o aprendizado.

Na área da Educação Básica, por exemplo, desde 2016, existe o programa *Google Expeditions*, que leva a criança "para o fundo do mar ou para qualquer outra parte do planeta" ou fora dele. Dentro de um simples óculos de papel, há um celular com o programa de realidade virtual. Para qualquer lugar que a criança vire a cabeça, a cena a sua frente (por exemplo, um tubarão) se mexe. É como se a criança estivesse dentro de uma jaula de segurança, no fundo do mar, mirando um tubarão, mas também vendo inúmeros peixinhos em torno dele e, atrás dela, corais e outros peixes coloridos.

Existem muitas situações, onde a realidade virtual pode ajudar na aprendizagem, em especial usando-a na Educação a Distância para a Educação Básica. Por exemplo, no caso do Brasil, imagine alunos que vivem no interior da Amazônia, podendo visitar o Museu do Amanhã, no Rio de Janeiro ou o Museu da Língua Portuguesa, em São Paulo, sem sair de onde estão. Um simples óculos de realidade virtual (*Cardboard*) pode permitir esta oportunidade. Também é possível visitar o Museu do Louvre, em Paris, e ainda a Grande Muralha na China. É óbvio que, visitar virtualmente, não é a mesma coisa do que ir até lá fisicamente. Mas a pergunta é: quantas pessoas, incluindo alunos pobres, poderão ir até estes lugares? O bom é que, de alguma forma os conhecerão.

Em 2021, já existiam experiências virtuais que permitiam visualizar o Sistema Solar, andar com os dinossauros, mergulhar com baleias e até mesmo caminhar pelas ruas da Roma antiga. Esta alternativa, trabalhada com livros impressos de Geografia e História, muito podem ajudar no aprendizado. Embora virtual, tem-se a chance de "ver com os próprios olhos". Alunos, especialmente os da Educação presencial podem visitar lugares inimagináveis, sem sair da escola.

O uso de óculos de realidade virtual ajuda na imersão nas aulas, direcionando a atenção do aluno ao que é realmente importante. Isso é um grande benefício, já que a perda de foco é, em grande parte das vezes, uma das principais responsáveis por um aprendizado ineficaz, especialmente em aulas remotas, quando o aluno está apenas atento à tela, sem interação.

A realidade virtual no ensino pode ser inclusiva, principalmente para pessoas deficientes, que não poderiam executar tarefas de outro modo. Também é importante para os mais tímidos, que são estimulados a saírem do isolamento. Será boa para autistas? Em 2021, mais de 50% das faculdades americanas usavam a realidade virtual.

5.7 A realidade aumentada na Educação

A realidade aumentada é uma tecnologia que permite a interação entre o mundo real e o virtual. Ela aumenta a visão que uma pessoa possui do mundo real, com a adição de imagens virtuais. Na realidade aumentada são utilizadas ferramentas e *softwares* para a criação de imagens virtuais, por meio de objetos e cenas do mundo real. Esta tecnologia inclui câmeras que captam imagens reais que, após processadas, por computação gráfica, tornam-se imagens virtuais. Os exemplos mais famosos do uso da realidade aumentada, fora do ambiente educacional eram, em 2022, os filtros do Instagram, do jogo Pokemon Go e do Minecraft Earth.

Os sistemas de realidade aumentada permitem a interação da pessoa com elementos virtuais, como se estes estivessem no ambiente real, permitindo sobreposição de objetos virtuais no mundo real, com o intuito de manipular e interagir com eles. Com a realidade aumentada, ao invés de apenas adentrar num mundo tridimensional (3D), como na realidade virtual, será o 3D que entrará no mundo ao redor do usuário. Com essa tecnologia é possível uma imersão e integração completa, por exemplo, utilizando-se dispositivos como luvas, óculos e capacetes digitais que permitam a inserção do usuário na realidade do mundo virtual.

Um exemplo real do uso da realidade aumentada na Educação são os sistemas que permitem que os alunos interajam com objetos tridimensionais e simulem experiências reais, por exemplo, na manipulação de corpos humanos em aulas de anatomia. Estes procedimentos podem ser repetidos inúmeras vezes, de diversas formas, tanto em cursos presenciais como a distância.

Em 2022, no Brasil e comparativamente a outros países, o uso da realidade aumentada em processos educacionais, comparativamente aos da realidade virtual, eram ainda limitados, basicamente devido ao elevado custo. Na ocasião, por exemplo, óculos de realidade virtual custavam cerca de 20 vezes menos que "similares" usados na realidade aumentada.

5.8 A Inteligência Artificial e a Educação

Inteligência Artificial ou IA é uma área da computação que desenvolve dispositivos capazes de simular capacidades humanas relacionadas à inteligência, tais como: percepção, raciocínio, tomada de decisões e solução de problemas.

Em 2022, um bom exemplo do uso prático da Inteligência Artificial era a robô Alexa, da Amazon, que funcionava através de um dispositivo de som, mas também com opção de som e imagem. A Alexa também conseguia se conectar com dispositivos para controlar residências e ambientes em geral de forma inteligente.

O grande diferencial da IA na Educação é que permite, por exemplo, individualizar o ensino, já que pode captar e processar as dificuldades de cada aluno. O professor fica sabendo exatamente das dificuldades de cada aluno. Como será visto no capítulo 6, cada pessoa é única e aprende de forma diferente. Cada um é cada um. A Inteligência Artificial muito pode ajudar nos processos de ensino/aprendizagem, principalmente no Ensino Híbrido.

Capítulo 6

A Teoria das Inteligências Múltiplas e o Caráter Pessoal da Aprendizagem. A Base do Cognitivismo. As Inteligências Múltiplas e a EaD.

Que alguns alunos têm mais facilidades que outros para entender conteúdos e aprender, não existe a menor dúvida, e há muito tempo se sabe disso. Por que isso acontece? O que é inteligência? Este capítulo procura explicar, de forma sucinta o que é inteligência e a teoria proposta em 1983, por Howard Gardner, onde além de definir o que é uma pessoa inteligente, ele sustenta que o ser humano é dotado de várias inteligências. Como esta teoria pode ser utilizada, por exemplo, no ensino/aprendizagem na Educação Básica? Rapazes e moças pensam e aprendem de formas diferentes? Segundo Howard Gardner, toda pessoa é inteligente e capaz.

6.1 O que é inteligência? Como funciona o cérebro humano?

No passado, o trabalho era essencialmente físico, com pouca ou nenhuma participação intelectual daqueles que atuavam no chão de fábrica, ou seja, os operários. O termo mão de obra vem desta atuação, usavam as mãos e não "a cabeça". Na medida em que a tecnologia foi evoluindo, cada vez mais se foi reduzindo o trabalho físico e aumentando o trabalho intelectual. Principalmente, após o ano 2000, as empresas passaram a procurar profissionais com bom nível de escolaridade, formação interdisciplinar, dinâmicos, com espírito de liderança e atitudes empreendedoras, ou seja, capazes de tomar decisões, sem as ordens de um superior. Embora as empresas precisem de profissionais assim, poucas conseguem e ou não sabem como recrutar e selecionar. Muitas empresas ainda tentam "medir" a inteligência dos candidatos, por exemplo, aplicando testes de QI. Isto é certo? O que é inteligência?

Muitos pesquisadores estudaram e criaram definições de inteligência, e alguns até criaram "métodos" para medir a inteligência de uma pessoa, existindo testes que "conferem uma nota" para a inteligência. Algumas definições para inteligência:

- André Lalande (1867-1963) a concebe como instrumento para a resolução de problemas e ou obtenção do conhecimento.

- Charles Edward Spearman (1863-1945) a define de maneira global, caracterizando um grau de desenvolvimento (Fator G ou Fator Geral).

- Segundo Lewis Madison Terman (1877-1956), pode-se definir inteligência como um instrumento de abstração.

- Henri Piéron (1881-1964) a entende como a adaptação a novas situações.

- Para Hermann Ebbinghaus (1850-1909), é um instrumento de combinação de síntese.

Dentre as diversas teorias duas se destacam: a de Jean Piaget (1896-1980) e a de Alfred Binet (1857-1911). Piaget imaginou a inteligência como um desenvolvimento cognitivo caracterizado por uma evolução progressiva, em função da idade, como uma construção progressiva de estruturas. Segundo Piaget, o ser humano apresenta os seguintes estágios de inteligência: de 0 a 2 anos de idade é o estágio sensório motor; de 2 a 6 anos o estágio pré-operatório; de 7 a 12 anos estágio de operações concretas; acima de 12 anos (e até os 16) o estágio de operações formais. Nos testes de Binet, que em 1905 criou o conceito do teste de QI, o ser humano é avaliado no grau de suas capacidades de compreensão, de invenção, de direção e de censura, entre outras, mas basicamente abordando compreensões lógico-matemática, viso-espacial e verbo-linguística.

É possível avaliar e medir a inteligência de uma pessoa? Esta é uma pergunta que vem motivando pesquisas e controvérsias há muito tempo. Quem é mais inteligente: um professor de matemática ou um jogador de futebol habilidoso? Um médico ou um pajé? Um engenheiro ou um pedreiro? Um químico ou uma cozinheira? Um artista plástico ou um pintor de parede?

Ao longo da história muito se tem pesquisado sobre este assunto e, certamente, o conceito de inteligência mais difundido e conhecido é o QI ou Quociente de Inteligência, proposto conceitualmente por Binet em 1905, sendo utilizado até hoje no mundo, principalmente por muitas empresas que querem "selecionar as pessoas certas para os lugares certos". A seguir fala-se um pouco sobre os testes de inteligência para aferir o QI, deixando bem claro que o autor não dispõe de formação acadêmica ou experiência profissional específica, para fazer críticas profundas a este conceito. Tudo que está escrito a seguir, sobre inteligência, foi transcrito e ou resumido de livros, monografias e *sites* na Internet.

Por volta de 1900, o psicólogo francês Alfred Binet, junto com Théodore Simon (1873-1961), após experiências profissionais e estudos, propuseram uma metodologia para identificar a capacidade de aprendizagem de crianças, principalmente para detectar aquelas que poderiam ter algum tipo de problema que pudesse comprometer suas futuras aprendizagens. Através de uma série de perguntas e figuras lógicas, procuravam identificar a "idade mental" de uma criança. O fundamento era que, independentemente da idade cronológica (idade real), as crianças teriam uma determinada idade mental.

Binet e Simon conceituaram a idade mental de uma criança, como sendo aquela que a maioria das crianças conseguiria resolver uma tarefa específica e complexa, em comparação a uma criança sozinha. O conceito de Quociente de Inteligência ou QI foi obtido através da divisão entre a idade mental (aferida no teste) e a idade cronológica, isto multiplicado por cem (100) para evitar o uso de casas decimais. Por este método, uma criança que tivesse uma idade mental de 11 anos e idade cronológica de 9 anos, teria um QI igual a 122, pois 11 dividido por 9 é igual a 1,22 e multiplicado por 100 dá 122 (9/11 x 100 = 122).

Binet e Simon estabeleceram que um QI igual a 100 representaria uma criança "normal" (onde a idade mental é igual à cronológica, a divisão é igual a 1 e multiplicada por 100, dá QI igual a 100). As crianças com QI menor que 100, estariam retardadas no seu desenvolvimento, e as com QI maior que 100, seriam precoces. Posteriormente, este conceito de QI foi aperfeiçoado pela Universidade de Stanford, nos EUA, onde foram incluídos conceitos estatísticos, especialmente considerando o desvio padrão (que em palavras simples significa o quanto um valor é diferente da média). Com isto a medida de QI passou a definir, e a ser aceita como o "grau de inteligência" de uma pessoa (crianças e adultos).

Não existe uma escala ou graduação rígida para definir a inteligência de uma pessoa, através dos testes de QI. Existem pesquisas estatísticas desenvolvidas, principalmente nos EUA, que apontam para quais percentuais de uma população são classificados em níveis de QI. Após consulta a algumas fontes na Internet, chega-se à seguinte distribuição: cerca de 5% da população tem QI abaixo de 74, sendo considerados infradotados; 20% tem QI entre 75 e 89, sendo considerados abaixo da média; 50% (a maioria) tem QI entre 90 e 110, sendo considerados medianos (estão na média); 20% tem QI entre 111 e 125, sendo considerados acima da média e cerca de 5% tem QI acima de 126, sendo considerados superdotados. Apenas como curiosidade, pessoas com QI acima de 140 representam cerca de 2% da população e são consideradas praticamente como "gênios".

Um estudo feito nos EUA, em 1963, onde são citadas as médias de QI entre diversas camadas da população, chegou aos seguintes resultados: trabalhadores não especializados QI = 95; total da população QI = 100; alunos cursando o ensino médio QI = 107; alunos concluintes do ensino médio QI = 110; alunos recém-ingressos na Universidade QI = 115; Portadores de curso superior QI = 120; portadores do grau de Doutor (Ph.D) QI = 130; cidadãos listados como "homens da ciência americana" (*american men of science*) QI = 140; alunos diplomados com louvor (*cum laude*) nos melhores cursos de pós-graduações QI = 150; grandes gênios do passado QI = 180. Não precisa ser nenhum doutor ou formado em nada, para confirmar que de acordo com estes dados, o teste de QI como aplicado em 1963 nos EUA, eram voltados para os conhecimentos acadêmicos e científicos. Esse estudo "indica" haver uma nítida e direta relação entre alto QI, alta renda e alta escolaridade. Estudos posteriores, inclusive em 2021, também indicavam relação entre condição social, escolaridade e nota de QI. Considerando esses estudos como válidos, confirma-se que o teste de QI não "indica" realmente, o quão inteligente é uma pessoa. Como assim? Pega-se um analfabeto pobre, aplica-se um teste de QI: qual será a conclusão? O quadro 6.1, mostra os fatores que podem ou não ser medidos pelos testes de QI.

O que o teste de QI mede bem	O que o teste de QI não mede bem
Habilidade linguística	Senso comum e conhecimento informal
Raciocínio lógico matemático	Intuição e bom senso
Pensamento analítico	Criatividade e originalidade
Capacidade de abstração teórica	Liderança e sociabilidade

Aptidão escolar e pensamento acadêmico	Aptidão artística
Erudição e escolaridade efetiva	Capacidade musical
/	Habilidade corporal e atlética
/	Moral e ética
/	Motivação
/	Controle emocional

Quadro 6.1: o que o teste de QI mede

6.1.1 As funções cerebrais (hemisférios esquerdo e direito)

O cérebro humano é subdividido em duas partes ou hemisférios: esquerdo e direito. O lado esquerdo comanda a motricidade do lado direito e o lado direito comanda a do esquerdo. Segundo a neurofisiologia, cada lado tem funções específicas como detalhadas no quadro 6.2. Sabe-se que as mulheres utilizam de forma mais eficaz as duas partes ou hemisférios cerebrais, enquanto os homens utilizam preferencialmente o lado esquerdo.

Funções do lado esquerdo do cérebro	Funções do lado direito do cérebro
Racional	Intuitivo e sentimental
Lógico	Analógico
Objetivo	Subjetivo
Convergente	Divergente
Controlado	Imaginativo e emotivo
Analítico	Sintético
Matemático	Simbólico
Intelectual	Artístico
Verbal	Sensual

Quadro 6.2: as funções de cada lado do cérebro

6.1.2 As inteligências, características biológicas, habilidades e diferenças, nas formas de pensar e agir entre homens e mulheres

Do ponto de vista evolutivo, podemos citar a seguinte origem da espécie humana, observando que existem várias teorias sobre essa evolução: os primeiros seres humanos do gênero *Homo*, descendentes dos *Australopithecus*, eram hominídeos e viveram há cerca de 3 a 1 milhão de anos atrás, na África. Ele já andava ereto, e usava os longos braços para se pendurar em árvores, coletar frutos e para atirar pedras em animais. *Homo Habilis*: foi o primeiro hominídeo do gênero homo. Viveu por volta de 2 milhões a 1,4 milhão de anos. Fabricava ferramentas simples, e usava uma linguagem rudimentar. *Homo Erectus*: viveu entre 1,6 milhão a 150 mil anos atrás. Fabricava instrumentos de pedra mais complexos e cobria o corpo com peles de animais. Eles viviam em grupos que tinham mais ou menos 30 membros, usavam uma linguagem mais sofisticada e descobriram o fogo. Homem de *Neandertal*: viveu há cerca de 200 mil a 300 mil anos atrás. Era habilidoso, enterrava os mortos em cavernas e deixava comidas e objetos como oferendas. Conviveu com o *Homo Sapiens* e desapareceu por motivos até hoje desconhecidos. *Homo Sapiens*: surgiu entre 100 e 50 mil anos atrás e espalhou-se por toda a terra. Estes somos nós hoje. Existe uma corrente científica que classifica o ser humano moderno como do tipo *Homo Sapiens Sapiens*.

Nossos ancestrais viviam em cavernas e usavam ferramentas feitas de pedra, ossos, marfim e chifres e já se alimentavam de animais caçados em grandes rebanhos. Os homens saíam em grupos para caçar e as mulheres ficavam nas cavernas cuidando dos filhos, e também coletando frutas e vegetais. As mulheres guardavam o retorno dos homens com carnes de animais, que davam muito mais energia, do que frutas e vegetais.

O cérebro do homem atual, ou seja, do *Homo Sapiens*, é cerca de 30 por cento maior do que o seu ancestral, o homem de *Neandertal*. O cérebro humano é dividido em dois hemisférios: direito e esquerdo, que são interligados através de um feixe de nervos chamado corpo caloso. Homens e mulheres usam os dois lados. Segundo o neurologista Roger Gorski, da universidade da Califórnia, no cérebro da mulher o corpo caloso é mais denso e tem 30 por cento a mais de conexões do que o cérebro do homem. (PEASE, p. 58). Isto também explica porque as mulheres (além de mais inteligentes!) conseguem fazer várias coisas ao mesmo tempo, enquanto o homem faz uma de cada vez. Berte Pakkenberg, do Departamento de Neurologia do Hospital Municipal de Copenhague, na Dinamarca, em 1997, demonstrou que as mulheres tinham resultados de testes de inteligência (QI) três por cento mais altos do que os dos homens (PEASE, p. 54), não tendo sido especificado quais testes foram aplicados.

A doutora Louann Brizendine, uma neuropsiquiatra americana, fez um bom estudo baseado em mais de 20 anos atendendo suas pacientes e publicou em agosto de 2006 o livro: "Como as mulheres pensam". Neste livro ela mostra uma série de características entre a forma de pensar entre homens e mulheres, bem como de suas estruturas neurológicas. Vamos a algumas informações, citadas no livro e na Revista Época número 454, de 29/01/07, páginas 98 e 99, reportagem de Marcela Buscato.

O genoma humano é composto por 30 mil genes, sendo que mais de 99% são iguais, entre homens e mulheres, estes menos de 1% é que diferenciam homens e mulheres. O cérebro humano possui cerca de 100 bilhões de neurônios. Os cérebros masculinos são cerca de 9% maiores, do que os das mulheres, porém ambos possuem o mesmo número de células cerebrais, ou seja, nas mulheres estas células estão comprimidas de forma mais densa. (Será por isso que são mais inteligentes?).

Nas mulheres os circuitos ligados à audição e à linguagem têm 11% mais neurônios que nos homens e a estrutura, relacionada à emoção e à formação da memória, também é maior. Os homens pensam, preferencialmente, com um hemisfério do cérebro de cada vez, ao desempenhar uma atividade, enquanto as mulheres usam os dois. Esta é a razão para as mulheres terem mais facilidades para realizar mais de uma atividade ao mesmo tempo, enquanto os homens se concentram em uma de cada vez. Os homens têm mais facilidades para pensar visualmente, já as mulheres conseguem traduzir mais facilmente sentimentos em palavras. Os homens têm preferências para profissões que não exijam tanta interação com outras pessoas e as mulheres as que têm mais socialização.

Segundo Pease (2000) as mulheres usam cerca de 20 mil gestos e palavras por dia e os homens sete mil. Isto ocorre porque as mulheres têm os centros cerebrais de comunicação e da emoção maiores do que os homens. Isto explica porque as meninas aprendem idiomas com mais rapidez que os meninos, bem como são melhores em gramática, pontuação e ortografia. Sabe-se que o número de professoras de línguas e de artes é bem maior do que o de professores. Na Educação Básica, especialmente na Educação Infantil e até o 5º ano do Ensino Fundamental, existem muito mais professoras do que professores. Por quê?

As mulheres têm muito mais facilidade para notar expressões faciais, do que os homens. Isto se deve ao maior número de células nervosas que captam os sentimentos e emoções. No cérebro masculino, a maioria das emoções ativa menos respostas instintivas e mais pensamento racional. A reação do cérebro masculino a uma emoção é evitá-la a todo custo. As mulheres são mais emotivas e choram quatro vezes mais facilmente que os homens. Mesmo que homens e mulheres sintam a mesma quantidade de raiva e agressividade, eles expressam mais. Como se diz na prática eles são "mais estourados" e elas "seguram mais a onda". Devido às várias alterações hormonais, que as mulheres sofrem ao longo da vida, tornam-se duas vezes mais propensas à depressão, que os homens.

Os homens possuem processadores maiores no núcleo da área cerebral que registra o medo e aciona a agressão. Isto explica, pelo menos em parte, a extrema agressividade masculina, comparativamente às mulheres. Em determinadas situações os homens querem partir logo para a agressão, já as mulheres tentarão de tudo para neutralizar o conflito. No que se refere à maior agressividade masculina, isto se comprova em qualquer classe da Educação Básica, já desde a Educação Infantil. Qualquer professor(a) constata isso.

Segundo Pease (2000, p. 28) as mulheres enxergam mais cores e detalhes visuais próximos (visão periférica) do que os homens, pois possuem dois cromossomos XX, sendo o X responsável pelo processamento das cores. Na retina existem células em forma de cone, responsáveis pela definição das cores. Muitas mulheres têm visão periférica de quase 180 graus, o que lhes permite ver detalhes próximos aos olhos, com mais facilidade do que os homens. Entretanto para uma visão noturna de longo alcance, os homens são melhores.

As mulheres escutam melhor do que os homens, distinguindo mais os sons agudos. Com poucos dias de vida as meninas distinguem a voz da mãe, bem como outro bebê chorando, mesmo com outros sons no ambiente. Os meninos não. Mulheres têm mais facilidade para cantar, enquanto os homens têm para compor músicas. A mulher tem o paladar e o olfato mais apurados do que o homem, ficando o olfato mais apurado durante o período de ovulação, ou seja, quando a mulher está na sua fase fértil e em condições de engravidar (PEASE, 2000, p. 37 a 45).

Os homens possuem melhor "habilidade" visual de longo alcance ou visão em túnel, do que as mulheres. Homens são melhores para ler mapas e orientação espacial. Nos homens esta zona cerebral está localizada em quatro pontos na parte frontal do hemisfério direito, enquanto nas mulheres está localizada em ambos os hemisférios, sem um ponto específico. 90%das mulheres têm limitações na capacidade de orientação espacial. As mulheres veem melhor em duas dimensões, já os homens são melhores no plano tridimensional, ou seja, percebem melhor tamanho, posição, volume, movimento e aspecto. Esta "habilidade" é outro exemplo da influência da nossa fase das cavernas, quando o homem tinha que ter estas percepções para caçar e depois voltar certinho para a sua caverna. (PEASE, 2000, p. 104 a 106).

Além de mais emotivas, as mulheres valorizam as coisas de forma diferente dos homens. 70 a 80 por cento dos homens, de todo o mundo, afirmam que o trabalho é a coisa mais importante de suas vidas. 70 a 80 por cento das mulheres afirmam que a família é a coisa mais importante da vida. Com certeza este comportamento é mais uma das heranças antigas, quando o homem caçava e provia as necessidades de comida e a mulher tomava conta dos filhos, ou seja, ao longo de milhares de anos o cérebro da mulher foi sendo programado para o convívio familiar. Um homem com forte problema emocional quer ficar isolado pensando (nas cavernas ficava meditando em frente ao fogo), já uma mulher com tal problema sente necessidade de conversar (PEASE, 2000, p. 123).

É importante citar que, existe uma corrente de cientistas que não concordam, por exemplo, com o que foi citado anteriormente, especialmente quanto ao fato de homens e mulheres terem estruturas cerebrais diferentes. Nesse sentido, para quem quiser aprofundar esse estudo, o autor recomenda consultar o livro "Gênero e os nossos cérebros. Como a neurociência acabou com o mito de um cérebro feminino e masculino". (RIPPON, 2021).

Sem querer confrontar essas duas linhas de pensamento, até porque não é especialista em neurociência, o professor José Abrantes, ao longo de anos trabalhando nos mais diferentes níveis de ensino, constatou que existem diferenças significativas entre homens e mulheres, especialmente quanto ao comportamento e maneiras de aprender. Uma pesquisa interessante, sobre essas diferenças, foi publicada no livro: "Por que as mulheres são mais inteligentes que os homens? Uma análise baseada no rendimento escolar e no conceito das Inteligências Múltiplas de Gardner". (ABRANTES e ABRANTES, 2009).

6.1.3 Nosso QI está diminuindo! Por quê?

Em outubro de 2020, a *BBC News Brasil, uma rede de notícias inglesa,* publicou uma matéria explicando que a nova geração estava demonstrando um QI mais baixo do que a anterior. Conhecidos como "nativos digitais", a nova geração são os primeiros filhos com QI inferior aos pais. Isso foi constatado em diversos países ao redor do mundo, incluindo Noruega, Dinamarca, Finlândia, Holanda e França. De acordo o neurocientista francês Michel Desmurget, diretor de pesquisa do Instituto Nacional de Saúde da França, o *QI diminui proporcionalmente ao uso da TV e videogame.* Será?

Embora testes de QI aplicados à nova geração comprovem a queda de QI, em 2022, ainda não havia uma comprovação do porque isso estava acontecendo. Sabe-se que a poluição e exposição a telas podem ter influência nesse fenômeno. Também se sabe que, a saúde, concentração e memória, que contribuem para um QI mais alto, podem ser facilmente prejudicadas por pesticidas inalados no ar e perturbação do sono.

Já se sabe que, quanto mais tempo passamos num computador ou celular, temos menos interações pessoais reais, menos exercícios físicos e uma menor qualidade de sono. Tudo isso causa distúrbios de concentração e aprendizagem. Isso já estava comprovado em 2022.

6.2 O conceito das inteligências Múltiplas

Antes de explicar o conceito e detalhar as inteligências Múltiplas, é importante falar um pouco sobre o seu primeiro e principal mentor, o professor Howard Gardner. Ele é americano e nasceu em 11 de julho de 1943 (portanto, 79 anos de idade em 2022), na cidade de Scranton, Pennsylvania. Gardner é psicólogo formado em Harvard, com pós-doutorado em neurologia e neuropsicologia. Foi professor de Cognição e Educação na Escola de graduação em Educação da Universidade de Harvard (*Harvard Graduate School of Education*) e professor adjunto de neurologia da Escola de Medicina da Universidade de Boston (*Boston University School of Medicine*). Em 2022, possuía mais de 20 livros publicados e traduzidos para 23 idiomas, além de mais de uma centena de artigos científicos. Recebeu inúmeros prêmios em diversas universidades, em todo o mundo. Em 1997 esteve no Brasil, quando proferiu palestras sobre o seu conceito das Inteligências Múltiplas.

Publicou seu primeiro livro em 1973 sobre o desenvolvimento humano, sobre a perspectiva das artes. Em 1975 publicou o livro sobre neuropsicologia. Apesar de toda a formação e pesquisas, foi em 1983 com a publicação do seu livro sobre as estruturas da mente (*Frames of Mind*), que passou a ser reconhecido como o criador do conceito das Inteligências Múltiplas (*Multiple Intelligences*). Em livro publicado em 2004: "Mentes que Mudam" (*Changing Minds*), Gardner analisa o processo pelo qual cada pessoa pode mudar a sua mente e a dos outros.

Como pesquisador de Harvard, em 1979, Gardner foi convidado pela fundação filantrópica holandesa, Bernard Van Leer, para pesquisar o potencial humano. Com isso, foi criado o "Projeto Zero de Harvard" (*Harvard Project Zero*), apontado como a origem da Teoria das inteligências Múltiplas. Deve ser ressaltado que, muito antes de se envolver neste projeto, Gardner já imaginava que havia "muitos tipos de mente". Ele sempre questionou a forma de definir uma "nota" para a inteligência humana, como é atribuída nos testes de QI. Além da componente genética (parte biológica), Gardner sempre imaginou que também fatores comportamentais (parte psicológica), inclusive o meio sociocultural onde a pessoa vive, influenciam a inteligência. Ele enfatiza que nós não temos apenas "uma inteligência", mas várias.

Tem que ser ressaltado que, nas pesquisas desenvolvidas no Projeto Zero, também se comprovou que sucesso e rendimento escolar não estão diretamente relacionados. Sabe-se que muitas pessoas que alcançaram o sucesso, não foram ótimos alunos. Talvez o sucesso destas pessoas advenha do fato de trabalharem bem, e de forma equilibrada as diversas inteligências, definidas por Gardner (esta é uma conclusão do autor). Segundo Gardner, toda pessoa é dotada de várias inteligências e muitas conseguem se destacar em algumas áreas. Observe que é normal você ter extrema habilidade para fazer algumas coisas e muita dificuldade para outras. É muito importante que cada professor entenda isto, pois estará lidando com pessoas diferentes e principalmente que pensam e têm inteligências diferentes.

O grande diferencial da teoria de Gardner é que ele considera cada pessoa como única, ou seja, somos diferentes. Assim sendo, por exemplo, também nas escolas os professores deveriam agir como antropólogos e procurar descobrir as diferenças e particularidades de cada criança e não apenas ficar tentando ensinar a todos da mesma forma. Nascemos, vivemos, aprendemos e pensamos de formas diferentes. Nesse aspecto, as escolas não tradicionais estão no caminho certo. Como agir assim em aulas remotas?

Além de Gardner, outros pesquisadores como Daniel Goleman (Universidade de Harvard), Robert Emmons (Universidade da Califórnia) e Nilson José Machado (Universidade de São Paulo - USP), têm estudado as Inteligências Múltiplas. Em 1983 Gardner publicou que existiam sete inteligências: Verbo-linguística; Lógico-atemática; Viso-espacial; Corporal-cinestésica; Musical; Interpessoal e Intrapessoal.

Em 1996 Gardner citou a Naturalista, Daniel Goleman citou a Emocional em 1995, Robert Emmons em 2000 citou a Existencial e Nilson José Machado citou a pictórica em 1994. Em agosto de 2006, Daniel Goleman, psicólogo, Ph.D., autor do livro sobre Inteligência Emocional, lançado em 1995, lançou em Nova York, um novo livro onde descreve o seu conceito sobre a Inteligência Social. Em 2021, podíamos dizer que já existiam doze tipos diferentes de inteligências bem estudadas, fundamentadas e detalhadas. Mas afinal, quais são estas Inteligências Múltiplas?

6.2.1 Descrição das Inteligências Múltiplas (os 12 tipos de inteligências)

A seguir são detalhadas as diversas inteligências, descritas até o ano de 2022. Deve ser esclarecido que não existe ordem de importância, ou seja, a sequência apresentada não significa que uma inteligência seja mais importante que outra. Além destas inteligências já explicadas, o próprio Gardner admite que possam existir outras. Diversos autores têm propostos outras inteligências ligadas à espiritualidade, sensibilidade moral, humor, intuição, criatividade, capacidade culinária (facilidade para cozinhar, especialmente criando novos pratos e sabores) e percepção olfativa (habilidade para distinguir cheiros). São necessários mais estudos para se conseguir enquadrar cada uma destas propostas nos critérios estabelecidos por Gardner. Observa-se que muitos cientistas, em especial das áreas de Psicologia e neurociências, não aceitam essa teoria das Inteligências Múltiplas.

Verbo-linguística: está relacionada ao uso das palavras, tanto na forma falada, quanto na escrita. O professor Celso Antunes (2000, p. 111) a define como: "Capacidade de processar rapidamente mensagens linguísticas, de ordenar palavras e de dar sentido lúcido às mensagens". Pense um pouco e logo você lembrará de pessoas (talvez você) que têm extrema facilidade de comunicação verbal e ou escrita. Líderes políticos e religiosos, professores, escritores, poetas, compositores, bons vendedores, locutores, jornalistas e repórteres, são exemplos típicos de pessoas que têm este tipo de inteligência bem desenvolvida e ativa. Segundo Campbell (2000, p. 29), a pessoa que tem a inteligência Verbo-linguística bem desenvolvida, apresenta as seguintes características (uma ou várias):

1) Aprende através de escuta, leitura, escrita e discussão; 2) Escuta e responde ao som, ao ritmo, à cor e à variedade da palavra falada; 3) Imita os sons, a linguagem, a leitura e a escrita dos outros; 4) Escuta, compreende, interpreta, recorda e cria bem, em relação ao que é dito; 5) Gosta e lê de forma eficiente, bem como entende, se recorda e resume bem o que lê; 6) Tem o dom da oratória; 7) Gosta e escreve bem, inclusive seguindo as regras gramaticais e ortográficas; 8) Tem facilidade para aprender idiomas; 9) Tem muito interesse por jornalismo, poesia, histórias, debates e entrevistas. 10) Está sempre procurando melhorar sua comunicação oral e escrita; 11) Tem muita habilidade no uso da escuta, da fala, da escrita, do debate, da discussão, da explicação e do convencimento e 12) Tem facilidades (e gosta) para a criação de formas e obras escritas e faladas.

Lógico-matemática: expressa a capacidade de calcular, quantificar, considerar proposições e hipóteses e realizar operações matemáticas, desde as mais simples, até as mais complexas. Também expressa a "sensibilidade a/e capacidade de discernir padrões lógicos ou numéricos; capacidade de lidar com longas cadeias de raciocínio" (ARMSTRONG, 2001, p. 16). O professor Celso Antunes (2000, p. 111) a define como: "Facilidade para o cálculo e para a percepção da geometria espacial. Prazer específico em resolver problemas embutidos em palavras cruzadas, charadas ou problemas lógicos como os tangram, dos jogos de gamão e xadrez". Tangram é um tipo de jogo, de origem oriental, onde pedaços de figuras geométricas como triângulos e quadrados, devem ser encaixados em determinadas posições. Gamão é um jogo de pequenas abulas e dados. Segundo Campbell (2000, p. 52), a pessoa que tem a inteligência Lógico-matemática bem desenvolvida, apresenta as seguintes características (uma ou várias):

1) Reconhece os objetos e sua função no ambiente; 2) Está familiarizada com os conceitos de quantidade, tempo, causa e efeito; 3) Usa símbolos abstratos para representar objetos e conceitos concretos; 4) Demonstra habilidade para a resolução de problemas lógicos; 5) Percebe padrões e relacionamentos;

6) Levanta e testa hipóteses; 7) Usa diversas habilidades matemáticas e têm boa percepção para informações na forma de gráficos; 8) Gosta de operações complexas como: cálculo, Física, programação de computador, Estatística e métodos de pesquisa quantitativos; 9) Pensa matematicamente; 10) Usa a tecnologia para resolver problemas matemáticos; 11) Expressa interesse por carreiras como: Engenharia, Arquitetura, Física, Química, Contabilidade, Direito, Matemática e Estatística e 12) Cria novos modelos ou pesquisa ciências exatas, incluindo a matemática.

Viso-espacial: expressa a habilidade para pensar de maneira tridimensional (comprimento, largura e altura), além de perceber, criar e modificar imagens. Também expressa a capacidade em produzir e entender informações gráficas. É muito desenvolvida nas pessoas, por exemplo, que têm grande facilidade de localização espacial e geográfica. Você, com certeza, já conheceu pessoas que têm dificuldades em encontrar o seu automóvel no estacionamento, após passar algum tempo no supermercado! E quanto àquelas que não conseguem encontrar a casa do amigo, mesmo estando com o endereço! O professor Celso Antunes (2000, p.111) a define como: "...capacidade de perceber o mundo visual com precisão, de efetuar transformações sobre as percepções, de imaginar movimento ou deslocamento interno entre as partes de uma configuração, ...". Segundo Campbell (2000, p. 103), a pessoa que tem a inteligência Viso-espacial bem desenvolvida, apresenta as seguintes características (uma ou várias):

1) Aprende através da visão e da observação, reconhece fisionomias, objetos, formas, cores, detalhes e cenas; 2) Tem grande senso de direção e localização; 3) Percebe e produz imagens mentais. Pensa através de imagens. Usa imagens visuais, especialmente as cores, para recordar informações; 4) Entende com facilidade gráficos, tabelas, mapas e diagramas; 5) Gosta de desenhar, rabiscar, pintar, esculpir, modelar e de reproduzir objetos e formas visíveis; 6) Gosta de construir "coisas" tridimensionais como, por exemplo, a dobradura em papel ou *Origami*, por mais complexas que sejam; 7) Vê as coisas de maneiras diferentes

ou segundo um outro ângulo ou ponto de vista (estas pessoas veem o que as "normais" não conseguem ver); 8) Além dos padrões normais, percebe as sutilezas; 9) Tem facilidade para representação concreta ou visual da informação; 10) Tem facilidade para representações e abstrações; 11) Expressa interesse e aptidão para ser artista, fotógrafo, engenheiro, *designer*, crítico de arte, piloto e outras ocupações que exijam habilidades visuais e 12) Cria novas formas e expressões viso-espaciais ou obras de arte originais.

Corporal-cinestésica: o termo cinestésico está relacionado aos movimentos do corpo. Também é conhecida como a inteligência dos esportistas e atletas. Expressa a capacidade de manipular objetos e de expressão corporal ou ainda dos que têm a capacidade para usar seu corpo por inteiro ou partes dele. É típica dos atletas, dançarinos, cirurgiões, artesões, coreógrafos, mímicos e escultores. Especialmente devido à grande projeção relativamente recente de esportes como futebol, basquete e vôlei, este tipo de inteligência vem sendo mais valorizado, já que há cerca de trinta anos atrás, não se valorizavam as pessoas geniais, especialmente os atletas. Apesar das mudanças, ainda existem pessoas que estão convencidas que as habilidades e profissões relacionadas ao intelecto, ou seja, aquelas que privilegiam as inteligências Lógico-matemática e a Verbo-linguística, são mais importantes e "inteligentes", por exemplo, do que uma forte inteligência Corporal Cinestésica, ou seja, relacionada ao corpo. Segundo Campbell (2000, p. 103), a pessoa que tem a inteligência Corporal-cinestésica bem desenvolvida, apresenta as seguintes características (uma ou várias):

1) Explora o ambiente e os objetos através do toque e do movimento. Prefere tocar, manipular ou manejar o que deve ser aprendido; 2) Tem boa coordenação motora e um senso de ritmo; 3) Aprende melhor através do envolvimento e da participação. Aprende melhor o que faz, do que aquilo que escuta ou vê; 4) Gosta de experiências concretas e físicas como, viagens, jogos e exercícios físicos; 5) Tem destreza e sente prazer ao fazer movimentos com o corpo; 6) É

sensível a ambientes físicos (por exemplo, sente-se bem caminhando em uma floresta); 7) Demonstra habilidade para o atletismo, dança, costura, escultura e atividades que dependam de movimentos do corpo; 8) Demonstra equilíbrio, graça, destreza e precisão nas atividades físicas; 9) Tem habilidade para fazer a integração entre corpo e mente (*men sana in corpore sano*); 10) Adota posturas e comportamentos fisicamente saudáveis; 11) Demonstra interesse por profissões como atleta, dançarino, cirurgião, construtor e professor de educação física e 12) Inventa novas variações ou abordagens para as atividades físicas predeterminadas ou até cria novas formas de dança e expressões corporais.

Musical: é expressa através da habilidade para a composição, entoação, melodia, o ritmo e o tom, bem como é comum às pessoas que gostam de ouvir música e têm habilidade para tocar instrumentos musicais. É a inteligência que se desenvolve mais precocemente, podendo-se observar como as crianças, especialmente os bebês, gostam de música. Chega ser impressionante ver a facilidade e o prazer que uma criança entre um e dois anos de idade, tem para entoar e até criar sons e músicas simples. Esta inteligência explica porque alguns alunos adoram ouvir músicas e constantemente ficam batucando na mesa, mesmo durante a aula. Segundo Campbell (2000, p. 103), a pessoa que tem a inteligência Musical bem desenvolvida, apresenta as seguintes características (uma ou várias):

1) Ouve e responde, com muito interesse, a uma variedade de sons, incluindo músicas, sons ambientais e a voz humana; 2) Gosta e busca oportunidades para ouvir músicas ou sons ambientais. Também gosta de ficar perto de músicos e de aprender com a música; 3) Ao ouvir uma música tem reações corporais, por exemplo, como se estivesse regendo, tocando ou dançando; 4) Gosta e reconhece diferentes estilos e gêneros musicais e variações culturais; 5) Gosta de colecionar músicas e informações sobre música, tanto na forma gravada, quanto na impressa; 6) Tem capacidade para cantar e ou tocar um ou mais instrumentos, sozinho ou em grupo; 7) Conhece e usa o vocabulário e as notações

musicais; 8) Tem uma forma própria de referência para ouvir música (alguns se isolam, outros andam com aparelhos nos ouvidos por até 24 horas por dia); 9) Gosta de improvisar e brinca com os sons (é a pessoa que batuca em garrafas, pratos, mesas e outros objetos); 10) Sabe interpretar músicas e sabe criticar peças musicais e 11) Demonstra interesse por profissões que envolvem a música como: cantor, instrumentista, engenheiro de som, produtor, crítico, fabricante de instrumentos, professor de música ou regente.

Interpessoal: é a capacidade de compreender e interagir com outras pessoas. Você certamente conhece pessoas assim, ou seja, que sabem ouvir, aconselhar, consolar, sugerir e motivar outras pessoas. Professores bem sucedidos, atores, assistentes sociais, psicólogos, terapeutas, líderes sindicais e alguns políticos, além de gerentes bem sucedidos, estão entre aqueles que têm esta inteligência bem desenvolvida. Também a facilidade para criar e manter relacionamentos sociais, são características desta inteligência. Ela também se manifesta através do humor e do espírito de liderança situacional, ou seja, um líder que se adapta às necessidades do momento, em síntese não é carismático, nem autocrático nem "largadão".

A pessoa estilo "vaselina", ou seja, escorregadia ou que muda de assunto ou se adapta a qualquer situação, tem esta inteligência bem desenvolvida. Bons exemplos são muitos políticos que fazem este "jogo" muito bem, tendo a habilidade de passar de agressor à vítima. Existe uma brincadeira clássica que diz que, dependendo do ponto de vista ou a forma como se vê um fenômeno; um pode entender que foi atingido na cabeça por uma paulada, o outro alega que foi aquele que bateu com a cabeça no pau! Está formada uma (falsa) polêmica. Segundo Campbell (2000, p. 151), a pessoa que tem a inteligência Interpessoal bem desenvolvida, apresenta as seguintes características (uma ou várias):

1) É ligada à família e aos amigos; 2) Forma e mantém relacionamentos sociais; 3) Reconhece e usa várias maneiras de se relacionar com as outras pesso-

as; 4) Percebe os sentimentos, os pensamentos, as motivações, tristezas, comportamentos e os estilos de vida de outras pessoas; 5) Tem espírito cooperativo, sendo capaz de liderar e ser liderado; 6) Consegue influenciar as opiniões e ações de outras pessoas; 7) Compreende e se comunica por meio da fala, gestos e sinais; 8) Se adapta aos diversos tipos de ambientes e grupos, principalmente a partir dos sinais de outras pessoas (é a famosa ação de dançar conforme a música); 9) Vê por diferentes ângulos e opiniões as questões sociais e políticas; 10) Como tem habilidade de mediação e negociação, consegue organizar pessoas para trabalho em grupo, bem como consegue se relacionar com pessoas de diferentes idades e origens; 11) Demonstra interesse por profissões voltadas para as relações interpessoais, como o ensino, trabalho social, psicologia, aconselhamento, terapias, gerenciamento e política; 12) Tem facilidade para criar e desenvolver novos processos ou modelos sociais.

Intrapessoal: expressa a capacidade em construir uma percepção profunda de si mesmo, bem como para planejar e direcionar sua vida. Está relacionada à autoestima. É típica da pessoa que se conhece (e se gosta) e sabe os seus limites. É a inteligência do seu mundo interior. Motivação, determinação, ética, honestidade, integridade moral, empatia e altruísmo, são as grandes características deste tipo de inteligência. Inclui pensamentos e sentimentos. É forte nas pessoas que transformam erros em aprendizados. "Levanta sacode a poeira e dá a volta por cima". Só não erra quem nada faz ou brincando com a língua portuguesa: "herrar é umano" (o correto é: errar é humano). Pode-se falar que as pessoas com fraca inteligência intrapessoal são: críticas, perfeccionistas, vigilantes, severas, pessimistas e tendem a não perdoar erros, mesmo os mais banais. As principais profissões ou atividades exercidas por pessoas, com esta inteligência bem desenvolvida, são psicoterapeutas e líderes religiosos. Segundo Campbell (2000, p. 151), a pessoa que tem a inteligência Intrapessoal bem desenvolvida, apresenta as seguintes características (uma ou várias):

1) Conhece bem as suas emoções; 2) Expressa bem seus sentimentos e emoções (não são pessoas frias e inertes); 3) Tem um modelo próprio de sua identidade; 4) Tem alta motivação, definindo e lutando por seus objetivos; 5) Tem e vive segundo um sistema de valores éticos; 6) É independente, ou seja, consegue trabalhar, mesmo sozinho; 7) Tem muita curiosidade sobre as "grandes questões da vida". É típico de quem pensa: de onde vim? O que faço aqui? Para onde vou? 8) Continuamente aprende e se desenvolve; 9) Questiona e procura compreender as experiências próprias; 10) Compreende a complexidade da condição humana; 11) É um soldado da autorrealização (e sente-se muito bem com as vitórias) e 12) É incentivadora dos outros.

Naturalista: refere-se à capacidade em observar padrões da natureza, identificando, classificando objetos e compreendendo, tanto os sistemas naturais, quanto os criados pelo homem. Pertence especialmente aos apaixonados pela natureza. Com certeza é a inteligência do novo milênio. Pacifistas, naturalistas, ecologistas, geógrafos, jardineiros, fazendeiros, biólogos, botânicos, agrônomos, médicos veterinários e paisagistas, estão entre as pessoas com forte inteligência naturalista. Imagine o caso de dois irmãos adolescentes que, moram em frente à praia e, em um dia de sol, enquanto um vai para a praia nadar e se bronzear, o outro vai com um grupo de amigos observar um tipo de orquídea, que está florescendo numa montanha a 30 Km de sua casa. Quase com certeza um irmão tem uma forte inteligência Cinestésico-corporal, enquanto o outro tem a Naturalista muito desenvolvida.

Pessoas que apreciam o nascer e o por do sol, que curtem olhar a chuva batendo no chão, que passam horas contemplando uma cachoeira, que observam o canto e os ninhos de pássaros (mesmo os urbanos), pessoas que se encantam com o voo do beija-flor, pessoas que se emocionam ao ver gatinhos mamando na gata, são exemplos das com forte inteligência naturalista. Segundo Armstrong (2001, p. 17), provavelmente ela se situa nas áreas do lobo parietal esquerdo, pois são as áreas importantes para a distinção entre seres vivos e inanimados.

Gardner revelou a existência desta inteligência, em 1996, no Brasil, em uma entrevista ao Jornal da Tarde de São Paulo (ANTUNES, 2000, p. 61). Segundo Campbell (2000, p. 206), a pessoa que tem a inteligência Naturalista bem desenvolvida, apresenta as seguintes características (uma ou várias):

1) Têm interesse em explorar ambientes humanos e naturais; 2) Cria oportunidades para observar, identificar, interagir ou cuidar de objetos, plantas e animais; 3) Classifica os objetos, segundo suas características; 4) Reconhece as diferentes espécies vivas e classes de objetos; 5) Gosta de aprender sobre o ciclo de vida da flora, fauna e sobre a produção de objetos feitos pelo homem; 6) Tem curiosidade e quer saber como "as coisas funcionam"; 7) Tem interesse em saber como os sistemas se desenvolvem e mudam; 8) Se interessa pela relação entre as diferentes espécies e na interdependência dos sistemas naturais e feitos pelo homem; 9) Gosta de usar instrumentos e aparelhos como: microscópios, binóculos, telescópios, computadores e televisões, para estudar organismos e sistemas; 10) Estuda e se interessa por informações sobre plantas e animais; 11) Mostra interesse por profissões ligadas às áreas de: biologia, ecologia, botânica, agronomia, química, zootecnia, silvicultura e medicina veterinária e 12) Estuda e desenvolve novas teorias e ciclos relacionados aos vegetais e animais.

Emocional: esta inteligência foi proposta por Daniel Goleman (76 anos de idade em 2022), professor de Harvard. Aliás, existe muita polêmica entre Gardner e Goleman, já que Gardner enfatiza que a inteligência Emocional está incluída nas Inter e Intrapessoal. Polêmica à parte, o certo é que a maioria da comunidade técnico-científica aceitou e incorporou este tipo de inteligência como válida. Goleman define esta inteligência como relacionada à emoção e como um equilíbrio entre as inteligências Inter e Intrapessoal. Uma pessoa com forte inteligência Emocional possui fortes inteligências Inter e Intrapessoal e um perfeito equilíbrio entre estas.

Cada vez mais este tipo de inteligência vem sendo valorizado, principalmente nas empresas e instituições que precisam de gestores e dirigentes com grande equilíbrio emocional, para poder ter tranquilidade e raciocínio estratégico, diante das pressões e mudanças quase que diárias. Tanto Goleman, quanto os autores consultados sobre esta inteligência, enfatizam que a mesma está relacionada às inteligências pessoais amplamente descritas por Gardner. Desta forma pode-se considerar que as pessoas que têm esta inteligência bem desenvolvida, possuem as mesmas características daquelas com fortes inteligências Inter e Intrapessoal. A inteligência Emocional está relacionada a aspectos como: autoconsciência, sentimentos, motivação, empatia e relacionamento social. Até em tom de brincadeira pode-se dizer que uma pessoa muito nervosa, o famoso "pavio curto", tem baixa inteligência Emocional (ou algum problema orgânico ou mental). Esta inteligência ajuda a explicar, por exemplo, porque alguns alunos se destacam como líderes de grupos e principalmente atuando como representantes de turma e ligados ao grêmio da escola.

Existencial: foi proposta em 2000 por Robert Emmons (64 anos de idade em 2022), neuropsicólogo e professor da Universidade da Califórnia. É a capacidade da pessoa em articular questionamentos éticos, filosóficos e religiosos. De onde vim? Quem sou eu? Para onde vou? Deus existe? Como podemos explicar a existência de Deus? Como a terra foi criada? Por que existe o mal? Para onde está indo a humanidade? Existe significado na vida? Estas são questões típicas das pessoas que têm esta inteligência bem desenvolvida. Ao mesmo tempo, existem muitas pessoas que vivem toda uma vida e jamais expressam estas preocupações.

Gardner a define como relacionada a perguntas básicas sobre a vida, a morte e o universo, bem como "...às experiências fortes como o amor por alguém ou a total imersão num trabalho de arte". Esta afirmativa de Gardner pode ser confirmada ao analisarmos a história da música, pintura, escultura, dança e teatro, onde podemos ver uma representação do significado da vida, da morte, do sofrimento e outras questões existenciais. Isto pode ser confirmado ao se contemplar a Pietá de Michelangelo, as obras do mestre aleijadinho, as sinfonias de Beethoven e tantos outros exemplos. (ARMSTRONG, 2001, p. 163-168). Além de pessoas comuns, sacerdotes e líderes religiosos (de qualquer religião), filósofos, escritores, artistas e cientistas, são exemplos dos que têm esta inteligência bem desenvolvida.

Pictórica: o termo pictórica refere-se à pintura. O professor Nilson José Machado, defendeu em 1994 o seu trabalho de Livre Docência, na USP, onde complementando os conceitos de Gardner, propôs a existência da inteligência pictórica formando um par complementar com a musical, ao lado dos outros três pares: Inter/Intrapessoal, Corporal/Espacial e Linguística/Lógico Matemática. Antunes (2000, p. 67) cita que Gardner não aceitou a proposta do professor Nilson, quando apresentado a ela em um seminário sobre Inteligências Múltiplas, em São Paulo.

A inteligência Pictórica pode ser identificada pela capacidade de expressão por meio do traço, sensibilidade para o movimento, beleza e expressão a desenhos e pinturas e pela autonomia em apanhar as cores da natureza e traduzi-las de várias formas. Esta capacidade pode ser expressa, tanto pela pintura clássica, quanto pelo desenho publicitário (ANTUNES, 2000, p. 68), bem como por caricaturas e traços humorísticos.

Giotto, Botticelli, Rafael, Leonardo da Vinci, Michelangelo, Maurício de Souza (o pai da Mônica e do Cebolinha), Ziraldo (o pai do menino maluquinho), Henfil (o pai dos fradinhos), Salvador Dali, Pablo Picasso, Tarsila do Amaral, Cândido Portinari, Vincent van Gogh, Henri Matisse, Rembrandt van Rijn, Piet Mondrian, Claude Monet, Tomie Ohtake, Anita Mafaltti, Henri Matisse e Marc Chagall são exemplos de pessoas famosas, dotadas de forte inteligência pictórica.

Social: em agosto de 2006, Daniel Goleman, psicólogo, Ph.D., autor do livro sobre Inteligência Emocional, lançado em 1995, lançou em Nova York, um novo livro onde descreve o seu conceito sobre a Inteligência Social. Segundo ele o cérebro pode ser moldado pelas práticas e interações sociais. Mais do que alterar o comportamento, as interações sociais delineiam novos mecanismos cerebrais, através da neuroplasticidade, ou seja, estas interações sociais moldam a forma, o tamanho e o número de neurônios. Segundo ele, tanto as experiências negativas, quanto as positivas com as pessoas com as quais nos relacionamos, após anos, podem moldar nosso cérebro. Goleman ainda afirma que a convivência faz com que imitemos o modo de agir de outras pessoas.

Podem ser citados os seguintes aspectos relevantes da Inteligência Social: a) Empatia; b) Captação de sinais não verbais do comportamento humano; c) Harmonia nas relações interpessoais; d) Respeito às emoções e sentimentos alheios; e) Equilíbrio entre competitividade no trabalho e qualidade de vida. Entendo que, principalmente nos primeiros anos do ensino fundamental, o professor, através de seus exemplos e comportamento possa ajudar a muitos alunos a desenvolverem este tipo de inteligência.

Outras inteligências: além dessas 12, o próprio professor Gardner admite que possam existir outras inteligências. Apenas baseado em observações de alunos, e algumas pessoas conhecidas, gostaria de falar de dois outros tipos: a Inteligência Artística e a Inteligência Intuitiva. É interessante ver como algumas pessoas têm mais "habilidades" para as artes, do que outras, assim como aquelas que gostam das artes, mais que outras. Aqui usa-se a palavra no plural, pois além de existirem diversas formas de expressão artística como: cinema, teatro, música, pintura, escultura, dança, etc., também nota-se como os artistas, e os com este tipo de "habilidade", gostam das diversas artes. Com relação à intuição, é interessante ver como algumas pessoas a têm com mais força, do que outras. Aqui fala-se da intuição no sentido de prever ou antever um fato ou uma coisa que possa acontecer. Qual a razão de, ao estarmos em dúvida sobre qual caminho tomar, escolhermos um e acertarmos? Mera coincidência? Assim pensam os cartesianos e os que têm a inteligência Lógico-matemática bem desenvolvida.

O jornal O GLOBO de 23/12/07, Caderno Ciência/Saúde, página 46, em reportagem de Jane E. Brody, do jornal *New York Times*, em reportagem intitulada: "cérebro ativo reserva neurônios para velhice. Neurogênese compensa os danos inerentes ao envelhecimento, como o Alzheimer, e deixa mentes afiadas", mostrou resultados de uma pesquisa de pesquisadores da universidade americana de Columbia, onde se concluiu que, pessoas que se mantêm ativas na educação, praticamente impedem que o cérebro envelheça e que surjam doenças como, por exemplo, o Alzheimer, que é um tipo de demência. Os cientistas chamam este fenômeno de reserva de conhecimento ou reserva cognitiva. Em resumo, é muito importante manter as atividades físicas e intelectuais, mesmo até após os 90, 100 anos de idade.

6.3 É possível avaliar e estimular as inteligências Múltiplas de uma pessoa?

Embora não exista sentido em tentar quantificar ou atribuir uma nota às Inteligências Múltiplas de uma pessoa (nem Gardner propõe), pode-se entender quais são as mais fortes ou operantes. Também pode-se, através de uma série de ações, "estimular" as inteligências. Se não podemos afirmar em aumentar a inteligência, pelo menos, podemos estimular.

A cada dia que passa, novos conhecimentos sobre a inteligência e processos de aprendizagem (cognição) são revelados pela ciência, sendo muitos até divulgados em jornais populares e programas de televisão. Hoje, sabe-se ser possível, através de imagens de ressonância magnética, "mapear" em quais áreas do cérebro ocorrem os diversos estímulos neurais, inclusive comparando-se as diferenças entre homens e mulheres. Sabe-se que as mulheres usam mais o lado direito e os homens mais o lado esquerdo do cérebro. No lado esquerdo estão as funções da fala, do raciocínio lógico e matemático, bem como da memória espacial, responsáveis por estimular deduções, calcular com mais segurança os riscos e perigos, bem como vários outros atributos erradamente citados como da "razão" (pois, se isto fosse verdade as mulheres na teriam este atributo da razão). As mulheres, além de usarem mais o lado direito, usam os dois lados de forma bem mais equilibrada. É neste lado que ficam as emoções e a memória afetiva.

O mais sensacional de tudo é que, embora as mulheres tenham um menor volume cerebral, elas possuem áreas nas quais os neurônios são mais concentrados do que nos homens. (ANTUNES, 2000. p. 18). Mesmo não sendo especialista em neuropsicologia, o autor entende que "pelo menos", existem diferenças significativas na forma de processar as informações, entre homens e mulheres.

Além da carga genética, que herdamos de nossos ascendentes (desde os tempos mais remotos), sabemos que a inteligência também está relacionada a aspectos socioculturais, ou seja, o meio e a forma como somos criados e vivemos, interferem no "grau" de inteligência. No mínimo interferem em aspectos relacionados à criatividade e liderança. Vários especialistas afirmam ser possível "aumentar" a inteligência, principalmente nos primeiros anos de vida, ainda que existam restrições genéticas. A maioria dos especialistas em estudos cerebrais diz que a carga genética ou hereditária situa-se na faixa de 30% a 50%. (ANTUNES, 2000, p. 16). Ou seja, os aspectos socioculturais ou comportamentais podem ser responsáveis por, pelo menos, metade (50%) do nosso grau de inteligência. De forma contrária fica evidente que a inteligência também envelhece. Isto é óbvio, pois o processo neural cognitivo é um processo biológico. Se o corpo envelhece, a inteligência também envelhece. Por favor, o autor não está dizendo que as pessoas, ao envelhecer vão ficando "burras", apenas encontram mais dificuldades para algumas atividades cerebrais. Aqui, mais uma vez, se ressalta a importância do conceito das Inteligências Múltiplas, pois embora inteligências como a Lógico-matemática, diminuem na velhice, outras como as Intra e Interpessoais, a Emocional, a Naturalista, a Existencial e a Social, ficam "mais apuradas". Isto faz lembrar um bom vinho: quanto mais velho melhor.

> O cérebro humano é mais ou menos como um prédio com nove* janelas diferentes, cada uma delas com um momento certo para entreabrir-se e outro para escancarar-se. Algumas dessas janelas começam a se abrir ainda no ventre materno, a maioria quando do nascimento e outras nos primeiros anos de vida. Em geral, estão escancaradas entre os 2 e os 16 anos de idade, mas depois retraem-se um pouco e não mais se fecham, a não ser após os 72 anos de idade.
>
> Os circuitos cerebrais responsáveis pelas diferentes inteligências amadurecem em períodos diferentes da vida, destacando a importância do estímulo durante a infância. A densidade das sinapses** na criança de 1 a 2 anos é cerca de 50% maior do que em um adulto, mas o universitário de 22 anos tem tanta facilidade ou dificuldade de aprender quanto seu avô de 71. A diferença entre eles está em saber qual dos dois está mais motivado e qual deles se cerca de desafios mais estimulantes. (ANTUNES, 2000, p. 18 e 19).

*O professor Celso Antunes (com 85 anos de idade em 2022), nesta obra, não considera a Inteligência Pictórica como uma das Inteligências Múltiplas, bem como junta as Inter e Intrapessoal em uma só. Portanto, ele se refere aapenas nove janelas ou inteligências. ** Sinapses são as relações anatômicas entre células neurais (neurônios), ou melhor, a forma como os neurônios se unem para processar as informações e estímulos.

Já foi dito que não existem testes para aferir as Inteligências Múltiplas, e nem tem sentido pensar em criar uma "escala" para as mesmas, como se faz com o teste de QI. O que se pode fazer é, através de uma análise pessoal honesta, descobrir quais tipos destas inteligências se sobressaem na pessoa. Você não deve tentar dar "uma nota" para cada tipo de sua inteligência, o que você pode fazer é pensar em três conceitos: forte - médio - fraco. A partir destes conceitos, e analisando cada ação, você pode avaliar quais são as suas inteligências fortes, médias ou fracas. Lembre-se de que é comum, por exemplo, uma pessoa ter uma forte Inteligência Lógico-matemática e uma fraca Inteligência Emocional.

É possível estimular as Inteligências Múltiplas? Sim, embora a partir de uma certa idade, não se possa "aumentar" as inteligências, todas as referências sobre o assunto citam ser possível estimular, ou melhor, "aperfeiçoar" as diversas inteligências que temos dentro de nós, sendo que algumas ficam "escondidas" por décadas. Um bom exemplo das inteligências "escondidas" observa-se em grupos da terceira idade. É muito comum homens e mulheres com, até, mais de 80 anos de idade, descobrirem o seu "dom", para a pintura, desenho ou literatura. É muito bonito e emocionante participar de uma noite de autógrafo do lançamento do primeiro livro de uma autora ou autor, com mais de 80 anos de idade. O que dizer daquele senhor de 78 anos, que agora faz lindos brinquedos educativos para seus bisnetos? O detalhe é que, até esta idade ele era incapaz de pregar um simples prego em um pedaço de madeira! E o caso daquela senhora de 81 anos, que nunca desenhou e pintou e agora faz verdadeiras obras de arte, pintando em tecidos, porcelanas, telas e cerâmicas? Todas essas pessoas tinham "escondidas" dentro de si, outras inteligências, que por algum motivo não foram estimuladas e exteriorizadas.

É muito importante falar sobre como estimular as diversas inteligências, especialmente quando o mundo (inclusive a Educação) exige profissionais e pessoas polivalentes, ou seja, com atividades e pensamentos interdisciplinares, ou melhor, com várias habilidades e compreensões. É através do conceito e da prática das Inteligências Múltiplas do professor Howard Gardner, que poderemos nos inserir e ajudar a melhorar este mundo, em constantes mudanças. Existem ações que são genéricas e, com certeza, atuam sobre as diversas inteligências. A grande recomendação é evitar a super especialização. Estude, viva e procure ser o profissional mais generalista possível.

6.4 As Inteligências Múltiplas e a EaD

Todo ser humano é inteligente e capaz. Todo ser humano é dotado de várias inteligências. Alguns são mais inteligentes em determinadas áreas do que outros. Cada um tem as suas inteligências fortes. Cada ser humano é único e, portanto, aprende de uma forma bem específica e pessoal. No que se refere à capacidade de aprendizagem, pode-se afirmar que não existem pessoas iguais. Cada um é cada um, e aprende de uma forma bem pessoal. Essas belas palavras e afirmações guardam em si um grande desafio para o processo de ensino/aprendizagem, principalmente quando se fala na Educação a Distância – EaD.

Por exemplo, se já é difícil o ensino/aprendizado, em uma sala de aula presencial, de uma pessoa com dislexia, como fica sua situação na Educação a Distância, quando ela está sozinha em frente a uma tela de computador? O que e como ela entende, daquilo que ela acha que está vendo? Se tiver dúvida, como vai perguntar? Como um tutor vai responder, por meio digital, a este tipo de dúvida? E quanto a um aluno hiperativo, que mal consegue ficar parado e focado numa tela?

Essas simples constatações sinalizam que, as aulas de cursos a distância, têm que ser planejadas e formatadas de forma a contemplar, o máximo possível às características de todas e cada uma das inteligências. Por isso é importante a presença de pedagogos, quando do planejamento das aulas remotas. Por exemplo, como elaborar uma aula de Matemática, de forma que pessoas com discalculia (existem muitas) a consigam entender? Como tornar atraente uma aula sobre química orgânica?

O professor José Abrantes recomenda que, principalmente para a Educação Básica (Ensinos Fundamental e Médio), as aulas de EaD, de todas as disciplinas e assuntos, sejam as mais "plásticas e artísticas" possíveis, com muito movimento, muitas cores e exemplos do cotidiano. Aprende-se mais e melhor, aquilo que se vê e se pratica. Enfatiza-se que, mesmo na EaD para adultos, valem as mesmas recomendações.

Outra orientação é quanto a parte presencial da Educação a Distância, quando alunos vão ao polo de ensino e "assistem" aulas com um professor e tiram suas dúvidas. É fundamental, de novo, especialmente na Educação Básica, que este professor tenha uma boa formação didático-pedagógica, tenha experiência no magistério e, principalmente, "goste de gente". Não deve ser apenas uma pessoa, no papel de professor, que estará em um sábado ou domingo, na frente de um grupo de alunos, apenas com o pensamento no pouco que ganhará para "dar" estas aulas presenciais. Me desculpem os "especialistas" em Educação a Distância, bem como os gestores destes cursos: é muito chato ter que assistir aulas em um domingo à tarde, principalmente se o professor for do tipo "*data show*".

Capítulo 7

Desigualdade Social e Desigualdade Digital no Brasil

Nos capítulos 4 e 5, foram detalhados, tanto as diversas Pedagogias Digitais, quanto as mais recentes tecnologias aplicadas à Educação Digital, incluindo as realidades Virtual, Aumentada e a Inteligência Artificial. Ou seja, foi citado o que podia haver de mais avançado em tecnologia, em 2021, nos processos educativos, dos mais diversos níveis de ensino e tipos de cursos.

Tudo maravilhoso, não fossem os seguintes detalhes: como os mais de 20 milhões de brasileiros pobres (em 2021), vivendo em espaços reduzidos, sem aparelho celular ou *tablets* e sem acesso a Internet, conseguem acompanhar e se beneficiar dessas maravilhas tecnológicas, aplicadas ao ensino, principalmente nas redes públicas de ensino?

O autor observa que, nas referências financeiras, econômicas e índices, citadas a seguir, não foram considerados os anos de 2020 e 2021, uma vez que, devido à pandemia do coronavírus, toda a economia brasileira (e a mundial), apresentou quedas históricas, portanto, não devendo ser utilizadas como forma de comparação. Dentre outras, foram anos de anomalias econômicas.

7.1 Desigualdade Social no Brasil

Especialmente nas grandes cidades brasileiras, basta um simples passeio a pé por bairros, ruas e avenidas, para se ver centenas e milhares de pessoas, e até famílias, mendigando pelo pão de cada dia. Quando a noite chega, se arrumam como podem embaixo de marquises e viadutos, sujeitos ao frio. O que dizer das dezenas de milhões de pessoas que vivem, por esse Brasil afora, em comunidades extremamente pobres, no passado, chamadas de favelas?

Em pleno ano de 2021, milhões de brasileiros viviam sem acesso à água, coleta de esgoto, energia elétrica, comunicação, saúde e educação. Enquanto poucos têm muito, muitos não têm nada. Isso é o que se chama de desigualdade. Por que somos assim?

Segundo declarou, em 20/02/20, Katia Maia, diretora executiva da Oxfam Brasil, lembrando nosso passado escravagista: "O Brasil vem de uma construção escravocrata, onde algumas pessoas valiam mais que as outras. Isso se reflete até hoje".

A Oxfam Brasil é uma organização da sociedade civil brasileira criada em 2014 para a construção de um Brasil mais justo, sustentável e solidário, eliminando as causas da pobreza, as injustiças sociais e as desigualdades. Ela é ligada à *Oxfam International*, uma confederação de 19 organizações e mais de três mil parceiros, que atua em mais de 90 países, na busca de soluções para o problema da pobreza.

O Brasil foi o último país a acabar com a escravidão (oficialmente em 13 de maio de 1889), nunca fizemos uma reforma agrária de fato, como foi feita, por exemplo, em países europeus.

No Brasil, tem-se a chamada desigualdade estruturante, composta basicamente por: um sistema tributário injusto, onde, percentualmente, os que menos ganham, são os que mais pagam impostos, o racismo e a discriminação contra as mulheres.

Embora, há anos, temos um programa de transferência de renda, como o Bolsa Família, ainda não conseguimos uma real mobilidade social, mas sim reduzir a condição de extrema pobreza, e a fome absoluta (em 2021 tinha voltado). Alguém já disse que não se deve apenas dar o peixe, o tempo todo, mas sim ensinar a pescar. O que se pode fazer?

Por exemplo, quando se constata que, em 2019, o Bolsa Família equivalia cerca de 0,5% do PIB, e que os desperdícios gerais no Brasil eram superiores ao equivalente a 150% do PIB, constata-se o enorme potencial que um amplo e nacional programa de combate aos desperdícios tem. Imagine o que se pode fazer, ao reduzir, por exemplo, nossos desperdícios a "apenas 50% do PIB"? Ou seja, é como se em 2019, tivéssemos deixado de jogar no lixo o equivalente a 7,3 trilhões de reais, algo como mais de 240 vezes, o gasto com o Bolsa Família.

Como esses valores impressionam, é normal que muitos pensem que a culpa seja apenas dos sucessivos governos, como se fosse possível nominar governos como pessoas físicas. Sim e não. Sim, pelo fato dos sucessivos governos não terem tido a coragem de atacar os enormes desperdícios. Não, pois, todos e cada um de nós, também têm a sua cota de desperdício, além do que, muitos brasileiros, continuamente elegem e reelegem políticos comprovadamente corruptos. Em 2019, todo o desvio de dinheiro público, especialmente por prefeituras, inclusive por não políticos e pessoas "do povo", foi o equivalente a 5% do PIB, algo como 365 bilhões de reais, cerca de mais de 12 vezes o gasto com o Bolsa Família.

Toda vez que o autor, assiste ao Ministro da Economia de plantão, falar que para ajudar aos necessitados precisa criar um novo imposto, seja de que nome for, "lembra apenas": há muitos anos que, ano após ano, no Brasil são roubados ou desviados o equivalente a 5% do PIB. Esse é o prejuízo da corrupção. Como reduzi-la a níveis "aceitáveis", já que é impossível acabar com ela? Vontade, decisão política e adoção de um Plano Nacional de Combate aos Desperdícios.

Ou seja, havendo vontade e ação política, o Brasil pode dispor de bilhões de reais para investimentos, por exemplo, justamente nos setores que podem zerar a enorme desigualdade social, quais sejam: saúde, educação, saneamento, infraestrutura e geração de renda. A seguir são citados alguns exemplos de desigualdades no Brasil.

Entre setembro de 2017 e abril de 2020, o poder judiciário pagou, pelo menos um, salário mensal acima de 100 mil reais a 8.226 juízes. No período foram feitos, ao todo, 13.595 pagamentos acima de 100 mil reais, sendo que alguns magistrados receberam mais de uma vez. 507 juízes, por 565 vezes, receberam acima de 200 mil reais. Observa-se que, em 2020, o salário máximo constitucional de servidor público era de 39,3 mil reais. Por que magistrados "merecem" e recebem, muito acima do máximo previsto em lei?

Por que um juiz "podia" ganhar oficial, legal e normalmente, em 2020, salários mensais acima de 50 mil reais, enquanto, por exemplo, uma professora do governo do estado do Rio de Janeiro não chegava a ganhar mensalmente 3 mil reais? Será que o trabalho de um juiz é cerca de 20 vezes mais importante do que o de uma professora?

Em 2017, o quebrado Estado do Rio de Janeiro, gastou com privilégios para os membros do Tribunal de Justiça, do Ministério Público, do TCE e do executivo, um total de R$ 2,1 bilhões. O TJ do Rio era o que mais oferecia benefícios, como por exemplo: auxílio creche de R$ 854,00 por filho até seis anos e auxílio educação de R$ 953,00 por filho até 24 anos (estando no ensino superior), 180 dias de licença maternidade (padrão) mais 90 dias de aleitamento e de três a cinco salários mínimos por adoção até o filho ter 24 anos.

No Tribunal de Justiça de Mato Grosso, em 2020, estava em vigor um dos melhores planos de saúde do mundo, com gastos sem limites. Havia ressarcimento para consultas particulares e até passagens de avião para custear tratamento de magistrados e dependentes em hospitais fora do Estado. É muita desigualdade.

O que dizer de uma filha de um desembargador falecido em 1982, que em 2016 (ou seja, há 34 anos), aos 55 anos de idade, vivendo no Rio de Janeiro, recebia uma pensão de R$ 43 mil mensais, mesmo sem ser funcionária pública. Foi dito que, ela tinha direito legal a essa pensão por não ser casada oficialmente (embora vivesse maritalmente, com uma pessoa).

Todo trabalho é importante, inclusive os dos parlamentares, de todos os níveis. O problema, ou melhor, a desigualdade está, por exemplo, em quanto ganhava um senador em 2020, como detalhado a seguir.

No início de 2020 (antes da pandemia), um senador recebia mensalmente, um salário de R$ 33.763,00, isso era o mesmo que o salário de um deputado federal e mais do que o salário do Presidente da República. Em 2020, apenas de salário, os 81 senadores do congresso custavam quase 33 milhões de reais aos cofres públicos. Além desse pagamento em salário, os parlamentares ainda contam com vários benefícios, tais como: auxílio moradia e a chamada Cota para atividade parlamentar.

O auxílio moradia dos senadores brasileiros tinha o valor de R$ 5.500,00 mensais para custear o aluguel do imóvel onde o senador irá morar. Esse valor pode ser solicitado por parlamentares que não desejam ocupar um dos 72 apartamentos oferecidos pelo congresso. Esses apartamentos são do senado federal e é um direito dos senadores usá-los como moradia, durante o período de seu mandato. Porém, não são todos que aceitam morar em um deles e dessa forma preferem receber a verba do auxílio moradia para custear outro imóvel.

Cota para atividade parlamentar: é a verba que o senador recebe para custear combustível, hospedagens, passagens, manutenção de escritórios e outras atividades que dizem respeito ao exercício do mandato. Somado tudo, essa verba pode chegar a R$ 45.000,00 mensais.

Auxílio Saúde: é um benefício vitalício, o que quer dizer que mesmo ex-senadores recebem esse auxílio pelo resto de suas vidas. Esse auxílio não tem limite de gastos e se estende para cônjuges e dependentes até 21 anos.

Além desses citados anteriormente, os senadores ainda podem escolher até 11 pessoas de sua confiança para compor os cargos comissionados, bem como outras seis pessoas compõem o quadro de funcionários do gabinete de um senador. As despesas de todos esses contratos podem ultrapassar os 80 mil reais da folha de pagamento.

Dessa forma, somando tudo, cada senador custava até 165 mil reais mensais para o país. É muita desigualdade. Ou seja, mais de 170 salários mínimos da época!

Quem paga isso? A viúva, que somos todos nós! São os vários e pesados impostos, sugados de nossos salários, que custeiam essas, e outras pessoas, que vivem e trabalham na chamada "ilha da fantasia", ou seja: Brasília. Eles vivem em outro planeta.

Em 2020, o Brasil tinha 5.568 municípios, um total de 56.810 vereadores, a um custo anual de 10 bilhões de reais. Nessa ocasião, um gabinete de um vereador da cidade de São Paulo, custava mais de 130 mil reais por mês, empregando até 17 pessoas por gabinete. É muita despesa e muita desigualdade.

Em 2020, o Brasil tinha um total aproximado de 70 mil políticos eleitos, sendo: um Presidente da República e seu vice; 81 senadores; 513 deputados federais; 27 governadores e seus vices; 1.024 deputados estaduais; 5.568 prefeitos e seus vices e 56.810 vereadores. Embora existam muitas organizações que "tentem" entender e "controlar" os gastos com a política no Brasil, é difícil precisar o total. Algumas fontes citavam que, em 2020, o total poderia passar dos 100 bilhões de reais por ano. É muito dinheiro; é muita desigualdade.

Em janeiro de 2021, obedecendo à Resolução número 178 de 2019, artigo 2º, a Assembleia Legislativa do Estado do Rio de Janeiro – ALERJ divulgou que gastava mensalmente R$ 9,2 milhões, apenas com o pagamento dos salários de 2.229 assessores para os 70 deputados, ou seja, cerca de 32 assessores por deputado. Originalmente, seriam no máximo 20 assessores por deputado. Apenas seis parlamentares tinham até 20 assessores e 48 tinham 30 ou mais. Essa farra, com o dinheiro público, para pagar assessores, ocorre praticamente, com raríssimas exceções, em todos os campos políticos, ou seja, partidos, em todos os estados.

Por exemplo, a deputada Franciane Motta do MDB, tinha 33 assessores, que custaram R$ 157,4 mil, em janeiro de 2021. Ela é esposa do ex-presidente da ALERJ, Paulo Melo, preso em 2017, na Operação Cadeia Velha. Uma curiosidade é que, uma das assessoras da nobre deputada é a senhora Magaly Cabral (nomeada em 07/02/2019), mãe do ex-governador Sérgio Cabral, que em 2021 estava preso e condenado a mais de 300 anos de cadeia, por corrupção. Magaly, que foi diretora do Museu da República, no Palácio do Catete, já era aposentada com ótimo salário e seu marido, o jornalista Sérgio Cabral (com 84 anos em 2021) era aposentado, desde 2007, também com ótimo salário, como Conselheiro do Tribunal de Contas do Município do Rio de Janeiro.

Observa-se que, dos custos com assessores, não entram os R$ 26,8 mil, para despesas do gabinete de um nobre deputado estadual, que incluem: aluguel de carros, combustível e material de escritório, bem como auxílio educação para funcionários.

Será que todos esses 2.229 assessores trabalhavam efetivamente? Onde mora cada um deles? Existe espaço físico na ALERJ, para acomodar esses 2.229 assessores? Quantos já são aposentados? É muita injustiça; é muita desigualdade; é muita cara de pau!

(O texto acima foi baseado em reportagem do Jornal O GLOBO, de 21/02/2021, Caderno Rio, página 15, do jornalista André Coelho).

Com tanta desigualdade, como prover Educação Digital para todos?

7.2 Índice de Desenvolvimento Humano – IDH e desigualdade

IDH é uma unidade de medida usada para aferir o grau de desenvolvimento de uma determinada sociedade (país, estado, município ou cidade) nos quesitos de educação, saúde e renda. Esse indicador foi proposto em 1990, pelo Programa das Nações Unidas para o Desenvolvimento (PNUD). O indicador IDH foi criado pelo paquistanês Mahbub Ul Haq e pelo indiano Amartya Sen, que ganhou o prêmio Nobel de Economia de 1998.

A utilização das variáveis: educação, saúde e renda permite uma comparação com praticamente todos os países do globo e serve de referência para mensurar a resposta de determinado país frente a essas importantes demandas, que podem ser consideradas como básicas e essenciais.

O IDH é uma referência numérica que varia entre 0 e 1. Quanto mais próximo de zero, menor é o indicador para os quesitos de saúde, educação e renda, ou seja, mais desigualdade. Quanto mais próximo de 1, melhores são as condições para esses quesitos, ou seja, menos desigualdade. No mundo, nenhum país possui o IDH zero ou um. Considerando o ano de 2018, foram os seguintes países com maiores IDH: Noruega (0,954), Suíça (0,946), Irlanda (0,942), Alemanha e Hong Kong (0,939). Entre os menores IDHs, estavam: Níger (0,377), República Centro Africana (0,381), Chade (0,401), Sudão do Sul (0,413) e Burundi (0,423).

Em 2018, o Brasil ocupava a 79ª posição, com um IDH de 0,761. Em 2019, nosso IDH foi para 0,765. Aqui, também se pode analisar como o Brasil é um país extremamente desigual, pois apesar de estarmos entre as 10 nações que mais geravam riqueza, considerando o PIB, estávamos numa posição de IDH que indicavam péssimas condições de saúde, educação e renda. Ou seja: boa assistência de saúde, boas escolas e boa renda, eram apenas para um seleto grupo de brasileiros, algo bem abaixo de 5% da população, em 2021, de 212 milhões de habitantes. É muita desigualdade. É muita incompetência e negligência de sucessivos governos, com raríssimas e pontuais exceções. Com tanta desigualdade, como prover Educação Digital para todos?

7.3 Índice de Gini e desigualdade

O Índice de Gini, criado pelo matemático italiano Conrado Gini (1884-1965), é um instrumento que mede o grau de concentração de renda em determinado grupo (país, estado, município ou cidade), ou seja, mede a desigualdade. Ele aponta a diferença entre os rendimentos dos mais pobres e dos mais ricos. Numericamente, varia de zero a um. O valor zero representa a situação de igualdade, ou seja, todos têm a mesma renda. O valor um está no extremo oposto, isto é, uma só pessoa detém toda a riqueza. Na prática, o Índice de Gini costuma comparar os 20% mais pobres com os 20% mais ricos. Em 2019, tínhamos a 2ª maior concentração de riqueza do mundo. Ou seja: muitos com pouco e poucos com muito.

É muita desigualdade. No final de 2018, o índice Gini do Brasil era de 0,62832, baixando para 0,6276 no final de 2019.

Segundo dados do IBGE, publicados em maio de 2020, no Brasil, em 2019, o rendimento médio mensal real do trabalho da parcela de 1% da população com rendimentos mais elevados, era de R$ 28.659,00. Em contrapartida, 50% da população com menor rendimento ganhavam R$ 850,00, por mês, ou seja, mais de 33 vezes menos que o valor recebido pelo 1% de maior rendimento. Pouquíssimos ganhando muito e milhões ganhando pouquíssimo.

Quando o Brasil implantar um programa de combate aos desperdícios, em todos os níveis e regiões, alguns trilhões de reais deixarão de ser jogados no lixo, podendo ser revertido para os mais diversos investimentos, principalmente em: saúde, educação, segurança, infraestrutura e geração de renda, através de geração de empregos, incentivo e financiamento de micro e pequenas empresas. O combate aos desperdícios no Brasil, poderá proporcionar uma revolução socioeconômica, jamais vista no mundo! Com tanta desigualdade, como prover Educação Digital para todos?

7.4 Uma fotografia da Desigualdade Social brasileira em 2019

Em 12 de novembro de 2020, o IBGE divulgou a Síntese dos Indicadores Sociais de 2019, com as informações a seguir. Comparando nossa situação com dados do Banco Mundial, constatou-se que o Brasil estava pior que Botsuana, o décimo país mais desigual do mundo. Estávamos em nono lugar, com relação à desigualdade. À época o país mais igualitário era a Bélgica. Também foi divulgado que nosso índice Gini, em 2019, ficou em 0,543.

Segundo a Síntese, os 10% mais pobres no Brasil ficaram com apenas 1% da riqueza. Entre 2012 e 2019, enquanto a renda dos 40% mais pobres aumentou 4,8%, entre os 10% mais ricos, o ganho foi de 7,4%. Ou seja, a desigualdade vai aumentando, ano após ano, década após década. Em 2019, 45,3 milhões de pessoas (cerca de uma a cada cinco) no Brasil, moravam em habitações precárias, como casas de madeira ou sem banheiro. Em 2019, portanto antes da pandemia, eram 51,742 milhões de pessoas vivendo abaixo da linha de pobreza. 13,6 milhões estavam em situação de extrema pobreza, dispondo de menos de R$ 151,00 por mês para viver, isso foi cerca de um dólar por dia. É muita desigualdade. É muita injustiça.

Do total dos "nem nens", em 2019, 25,3% eram pretos e 17% eram brancos. Entre as mulheres, 27,5% não estudavam nem trabalhavam (nem nens), contra 16,6%.

Em 2019, os 10% mais ricos se apropriaram de 43% dos recursos totais, enquanto os 10% mais pobres ficaram com 1%.

Em 2019, profissionais brancos tinham os melhores salários e acesso a empregos formais que pagavam mais. Os brancos tinham duas vezes mais chance de entrar na universidade do que os negros. Em 2019, os brancos ganhavam em média, 69,3% mais do que negros ou pardos, para a mesma jornada de trabalho.

Em 3 de dezembro de 2020, a Fundação Oswaldo Cruz – Fiocruz, lançou o Índice Brasileiro de Privação, o IBP, que combina informações como renda, escolaridade e saneamento, correlacionados com dados da saúde. Funciona como mais um retrato de más condições de vida da população. Não é por falta de índices de desigualdade que o Brasil não vai para frente, mas sim, por falta de sensibilidade e vergonha na cara de sucessivos governos, em todos os níveis, ano após ano.

7.5 A Exclusão Digital ou Desigualdade Digital no Brasil

Uma parcela expressiva da população brasileira ficou de fora das grandes mudanças tecnológicas dos últimos anos. Ou seja, não tem acesso às novas tecnologias da informação e da comunicação - TIC, como por exemplo, a Internet. Isso é chamado de Exclusão Digital ou Desigualdade Digital, uma das consequências da Desigualdade Social. Como prover Educação Digital para todos, especialmente aos mais pobres?

Em 2019, o Brasil era um dos países em que as pessoas passavam mais tempo na Internet, embora milhões sofressem da exclusão digital.

Durante a pandemia confirmou-se que grande parte das escolas não estava preparada para manter um ensino remoto. Em 2019, apenas 14% das escolas públicas urbanas contavam com um ambiente ou plataforma virtual de aprendizado a distância. Nas escolas particulares urbanas esse percentual era de 64%.

Durante a pandemia do novo coronavírus (2020 e 2021), precisando dar continuidade às atividades educacionais, as aulas presenciais foram direcionadas para plataformas virtuais de ensino, recorrendo-se aos recursos educacionais digitais: aplicativos, *sites* e jogos *on-line* úteis ao ensino. Também ocorreram as videoaulas, acompanhadas de atividades feitas por educadores, as quais devem ser assistidas e realizadas por alunos, que depois as enviam de volta, dentro da própria plataforma virtual, encaminhando as respostas de questionários, interagindo nos fóruns, fotografando ou filmando os processos de construção do conjunto de atividades.

Descrito dessa forma, tudo pareceu perfeito. Será que os recursos educacionais digitais estavam ao alcance das mãos de todos os alunos? Será que todas as famílias tinham suficiente alfabetização digital e condições financeiras para auxiliar e possibilitar aos seus filhos o acesso e uso de ferramentas digitais?

As periferias e os excluídos socialmente do Brasil, estão repletas de famílias com filhos em idade escolar que enfrentam sérios empecilhos para o acesso à rede mundial de computadores.

Dificuldades que vão desde não conseguir comprar um computador até a incapacidade de pagamento do custo dos equipamentos ou dos serviços de conexão.

Segundo a pesquisa TIC Domicílios 2019, realizada em 23.490 domicílios em todo o território nacional, entre outubro de 2019 e março de 2020, com o objetivo de medir o uso e apropriação das tecnologias da informação e da comunicação nos domicílios, o acesso individual a computadores e à Internet, e atividades desenvolvidas na rede, entre outros indicadores, foram publicados em 26 de maio de 2020, os seguintes valores:

- 26 milhões de brasileiros, das classes D* e E* estavam sem acesso à web.

- 20 milhões de domicílios (28% do total) não possuíam conexão à Internet, especialmente nas famílias com renda de até um salário mínimo (45% do total).

- 35 milhões de pessoas em áreas urbanas (23%) e 12 milhões em áreas rurais (47%) não tinham acesso à Internet.

- 58% de brasileiros usavam a rede exclusivamente pelo telefone móvel, proporção que chegou a 85% nas classes D* e E*.

- 14% dos domicílios das classes D* e E* tinham computadores, sendo que 44% dos domicílios da classe C* possuíam algum tipo de computador. Na classe A*, esse percentual era de 95%.

*Renda familiar mensal, por classe social, considerando o salário mínimo de 2019: R$ 1.006,00. Renda familiar considerando até quatro pessoas, residentes no mesmo domicílio.

Classe A: mais de 15 salários mínimos (mais de R$ 15.090,00);
Classe B: de 5 a 15 salários mínimos (entre R$ 5.030,00 e R$ 15.090,00);
Classe C: de 3 a 5 salários mínimos (entre R$ 3.018,00 e R$ 5.030,00);
Classe D: de 1 a 3 salários mínimos (entre R$ 1.006,00 e R$ 3.018,00);
Classe E: até 1 salário mínimo (até R$ 1.006,00).

Capítulo 8

A Cola na Escola Presencial e em Aulas Remotas. Os Plágios Escolar e Acadêmico

A origem da gíria brasileira "cola" é atribuída ao termo francês "*colle*", que tanto significa o ato de grudar ou unir, quanto expressa a dificuldade ou problema a resolver. Existem relatos de diversas formas de cola, desde as mais simples, até as mais bizarras. Neste capítulo faz-se uma reflexão, sobre a "evolução" da cola, passando da clássica cola escrita em tirinhas, até às atuais, por exemplo, via *whatsapp*. Também fala-se sobre o que configura crime de direito autoral, como os plágios escolar e acadêmico.

8.1 Por que se cola?

O ano é 1964, na Escola Técnica Estadual Visconde de Mauá, no subúrbio de Marechal Hermes, no Rio de janeiro, segundo ano do curso Ginásio Industrial (equivalente hoje ao oitavo ano do ensino fundamental), prova de Geografia. Em 2022, esta escola pertencia à Fundação Estadual de Escola Técnica - FAE-TEC. Uma das questões era: escreva o nome de todos os afluentes da margem direita do rio Amazonas.

Não tenho vergonha de falar que eu, José Abrantes, aluno matrícula 96, desta turma colei a resposta, que estava escrita a lápis e de forma disfarçada sobre a carteira de madeira, aliás, existiam centenas de rabiscos no tampo da mesa.

Gostaria de acrescentar que vários outros colegas fizeram a mesma coisa (praticamente todos).

Por que eu colei? Porque sou um corrupto canalha? Porque sempre tentei enganar os outros? Porque sou a ético ou antiético? Porque não tive tempo para estudar? Não, nada disso. Eu e meus colegas, apesar de jovens, colamos ou tentamos colar, porque não víamos o menor sentido prático em saber estes nomes de cor. Aliás, até hoje não os conheço de cor e, graças a Deus, nunca precisei desta informação para nada. À época era só consultar o livro de Geografia, da série. Hoje, o Google responde! Para que serve, saber de cor essas coisas?

Qual o nome completo de Dom Pedro II? Qual o dia, mês e ano em que Tiradentes foi enforcado? (Será que foi?) Quais são os metais alcalinos ferrosos? Qual a fórmula que descreve o movimento uniformemente variado, de um corpo em rotação? Qual a forma correta: *I agree with you* ou *I agree you*? Como se fala e escreve: qual que é a solução ou qual é a solução?

Essas são algumas razões para que nossos pais e avós colassem, para nós colarmos e para nossos filhos e netos colarem, e assim por diante. Perguntas (idiotas) e decorebas sem o menor sentido. Jamais, como cidadão e profissional, precisei saber essas "bobagens" de cor e, caso precise, por curiosidade, procurarei em livros, ou melhor, no Google. Uma das razões para a cola é esta: a forma errada como tentamos ensinar e avaliar nossos alunos. Justifica, mas não explica. Ou é o contrário?

Todo ser humano tem virtudes e defeitos. Talvez isto explique em parte a cola na escola. É aquele lado ruim, que todo ser humano tem. A cola é universal. Existem relatos de colas em todos os países. Estima-se que 90% das pessoas, no Brasil, já tenham colado ou usado artifícios não "autorizados" em provas ou trabalhos, pelo menos, uma vez na vida. Quem nunca mentiu? Quem nunca fez uma molecagem ou besteira? Quem nunca contou uma piada ou teve pensamentos politicamente incorretos? Errar é humano. Ou de forma cômica: "herrar é umano". Ouso dizer que, da mesma forma que o preso tem o direito à fuga, o aluno tem o direito à cola. Aliás, não será que as escolas e as salas de aula funcionam como prisões? Será que, nós professores, somos os carcereiros? Observe um professor "normal" tomando conta de uma prova; parece um cachorro *pitbull*; braços cruzados, atitude ereta e cara amarrada. Pronto para punir o primeiro que for pego colando. Como bem lembra o professor Bernardo (2007, p. 179):

> A sala de aula contemporânea remete à cela contemporânea. ...Sensação que se reforça quando a inspetora e/ ou coordenadora e/ ou diretora observam mestre e discípulos, indiscretas, pelo vidrinho da porta da sala, fazendo todos se sentirem como peixes vermelhos "disciplinados" dentro de um aquário.

Com raras exceções, nossas escolas funcionam como sistemas disciplinares, muito semelhantes aos institutos penais. (1996 *apud* FOUCAULT; BERNARDO, 2007, p.180). Após anos atuando como professor, até hoje (2021) sinto-me como um cão pitbull ou um carcereiro toda vez que aplico uma prova, pior ainda, quando tenho que fiscalizar a prova de outro professor.

Além de universal, a cola ocorre em todos os níveis de ensino. Desde os primeiros anos do ensino fundamental, até níveis superiores de Pós-graduação como mestrado e doutorado. Não acredita? Procure em jornais e na Internet, e você encontrará *sites*, que vendem monografias de graduação, Pós-graduação, dissertações de mestrado e até teses de doutorado! Alguns anúncios dizem que basta fornecer o tema e, no máximo, em 120 dias te entregam uma tese de doutorado. Monografias de graduação e Pós-graduação demoram no máximo 15 dias. O que dá trabalho é combinar o preço e a forma de pagamento. De quem é a culpa? Destes alunos canalhas, safados e corruptos, futuros mestres e doutores? Não apenas. Será que ao longo de três ou quatro anos, tempo normal de uma pesquisa de doutorado, o professor doutor orientador não conseguiu avaliar o orientado? Quantas vezes eles se encontraram? Quantas vezes o orientador analisou o desenvolvimento da pesquisa e as partes escritas do orientado? Se questionado e decidir responder, o orientador irá dizer que ganha mal (isso é mentira) e não tem tempo para analisar e orientar como deveria. A mesma resposta virá dos professores do ensino fundamental, médio e superior. Todos dizem ganhar mal e todos não têm tempo.

E quanto às "bancas arranjadas" em alguns concursos públicos, para professores de conceituadas universidades públicas? Ouve-se falar que, em determinados concursos públicos para professores, são escolhidos professores (mestres e doutores) que irão aprovar determinado candidato, em detrimento de outros. O autor já foi vítima desse tipo de crime!

Fica aqui uma indagação sobre a venda de trabalhos acadêmicos pela Internet: o artigo 171 do Código Civil está relacionado à fraude, se estes *sites*, descaradamente vendem até tese de doutorado, não seria possível a polícia (no caso a Federal) investigar, comprovar e punir? Quanto às "bancas arranjadas" de concursos, fica muito difícil se comprovar e punir, pois além do corporativismo, aqueles que ficam sabendo têm medo do que lhes possa acontecer. Mas afinal: porque se cola?

Aulas chatas (ou melhor, professores chatos), professores desmotivados, conteúdos programáticos antigos e sem sentido prático (não contextualizados), disciplinas fragmentadas e sem interrelação (falta da interdisciplinaridade), alunos sem perspectiva de futuro profissional, alunos com acesso doméstico a tecnologias avançadas e tendo aulas da idade da pedra, excesso de preocupação com a disciplina/comportamento (tudo é proibido), aulas voltadas para apenas passar no vestibular e fazer concursos, enfim, vários fatores explicam porque se cola na escola. Embora nem todo que cola é canalha, muitos canalhas colam.

O que dizer daquele alto executivo americano, que declarou nunca ter colado, de família tradicional religiosa, que sempre estudou em ótimos colégios onde existem códigos de conduta contra a cola, que se graduou, fez mestrado e doutorado na *Harvard University* e que foi condenado a vários anos de cadeia, por ter dado um desfalque de bilhões de dólares, causando prejuízos a milhares de pessoas?

Segundo pesquisas do professor Eugênio Prado de Freitas (FREITAS, 2002), baseado em reportagem da década de 1990, do Jornal Folha de São Paulo, 82% dos alunos do Ensino Fundamental e Médio, de sete colégios particulares de São Paulo, colavam ou passavam cola. Segundo a reportagem, a principal razão apontada por quase 60% dos alunos, era o sistema de avaliação, ou melhor, o tipo de prova aplicada. Ainda segundo a reportagem, apenas 34% dos professores aplicavam provas com questões discursivas, ou seja, que obrigavam o aluno a pensar e escrever, com suas palavras.

Aqui cabe uma explicação sobre a forma de ensinar e de avaliar os alunos. Muitos professores (bem como pais e alunos) confundem informação e dados com conhecimento e a maioria elabora provas que exigem informações e dados ou decorebas, ao invés de exigir conhecimento. Informação, literalmente, entra por um ouvido e sai pelo outro. Por quanto tempo você conseguirá guardar aquela informação, sobre os hábitos alimentares dos elefantes, que você acabou de ver e ouvir, naquele canal de televisão, em um programa sobre o mundo animal ou na Internet? Agora, se você ler sobre o assunto (em livro ou na Internet), se fizer anotações, se comparar com outros animais e se analisar com calma, por exemplo, onde existem elefantes e o que comem, certamente você terá adquirido conhecimento sobre os hábitos alimentares destes animais.

Outro exemplo, ao invés de simplesmente decorar os afluentes da margem direita do Rio Amazonas, que tal analisar num mapa suas localizações, seus percursos, tamanho, profundidade, seus impactos sobre a vida dos ribeirinhos e suas contribuições para a biodiversidade? Quais peixes e outros animais usam cada um destes afluentes? Qual a importância e dependência das populações ribeirinhas, em relação a cada afluente? Estes afluentes estão contaminados? Qual o tipo de contaminação? Quem os contaminam?

Além dessas, entendo que existe uma outra causa especial para a cola. A maioria dos que colam, normalmente o fazem apenas com algumas disciplinas, ou seja, gostam e se interessam por umas e não por outras. Colam em umas e não colam em outras. Por que isto acontece? Por que gostamos de algumas coisas e não de outras? Sem querer entrar em discussões filosóficas, vale lembrar que, apesar de sermos "parecidos", somos diferentes (graças a Deus). Tanto nos aspectos físicos e comportamentais, quanto na forma de "pensar", ou melhor, na forma de processar dados e informações. Assim como um mesmo problema pode ter várias soluções diferentes, também nós seres humanos usamos processos cognitivos diferentes. Por diversas vezes já constatei isto na prática da sala de aula. Pessoas diferentes, pensam diferentes, entendem de forma diferente e dão soluções diferentes. Por que algumas pessoas têm mais facilidade para a Matemática do que outras? Por que outras têm mais facilidade para a Música? E por que outras mais facilidades para trabalhar o corpo? Somos diferentes, pensamos diferentes, ou melhor, utilizamos inteligências diferentes. (Graças a Deus!).

Muitos psicólogos citam que é comum observar, entre jovens e adolescentes, o comportamento transgressor. Não obedecer às regras estabelecidas e questionar a autoridade imposta é tido como um ponto presente no desenvolvimento e na formação da personalidade. Se for considerado o quanto é importante para um adolescente ser aceito pelo grupo, ser visto como alguém com poder é muito atrativo. Dessa forma, pode-se considerar o ato de "colar" em avaliações algo bastante comum, desde que seja pontual e ocasional. A situação se altera, quando o fenômeno da "cola" atinge percentuais significativos. Uma pesquisa realizada nos Estados Unidos, em 2018, constatou que 51% dos alunos de escolas de elite praticavam o ato de "colar" em avaliações, por conta das facilidades que novas tecnologias promovem (a famosa cola digital) e motivados pela alta concorrência profissional a ser enfrentada.

Do ponto de vista pedagógico, a respeito da cola, cabem duas reflexões: como devem ser as avaliações e qual o objetivo daquela aprendizagem. As avaliações que cobram do aluno apenas sua capacidade de memorização, ao invés do raciocínio, são avaliações que induzem à cola ou no mínimo sua tentativa.

Principalmente no Ensino Superior, na cola em uma avaliação, o aluno pode não ter a consciência de que está cometendo um ato infracional e antiético. Quais consequências para a sociedade em geral, pode causar um médico ou uma engenheira ou um advogado antiético?

8.2 A cola em aulas remotas: a cola digital

Durante o ápice da pandemia do coronavírus, em 2020 e 2021, milhões de alunos, tiveram aulas remotas, pela primeira vez, tendo sido realizadas várias avaliações, tanto na Educação Básica, quanto no Ensino Superior. A exemplo do que ocorre, frequentemente, no ensino presencial: houve cola no ensino remoto?

Sim, houve muita cola, chamada de "cola digital", devendo ser explicado que, no caso de crianças não se deve considerar cola como uma coisa condenável e criminosa, por exemplo, o fato da mãe ou pai ou um adulto, que normalmente acompanha a criança nas aulas remotas, ter "ajudado" em alguns casos. Qual o pai ou mãe, que nunca ajudou seus filhos nos trabalhos escolares?

O que será citado a seguir, foi vivenciado e constatado pelo autor, no ano de 2020, ao trabalhar uma disciplina de Matemática, para turmas do curso de Engenharia, de uma instituição pública de Ensino Superior do Estado do Rio de Janeiro.

Após cerca de 10 encontros, ou melhor, aulas remotas, via Internet, foi aplicada uma prova que exigia raciocínio e atenção, sendo permitida a consulta a qualquer material impresso ou digital, mas não entre alunos, bem como a outras pessoas. A prova, do tipo múltipla escolha, foi planejada para ser executada, no mínimo em uma hora e meia e no máximo em duas horas. Foram preparados três tipos diferentes de provas, com algumas questões repetidas nas três provas. Por decisão da instituição, não foi permitido que os professores observassem e ouvissem os alunos, durante a prova. Caso eles tivessem dúvidas, "abriam o som" e perguntavam.

Passados alguns minutos, alunos começaram a fazer perguntas sem nexo que, visivelmente mostravam que estavam enviando sinais, entre si e disfarçando a conduta. Percebendo o que se passava, o professor não admitiu mais perguntas.

O primeiro aluno enviou as respostas, com menos de uma hora de prova e tirou 10. Na sequência, e num intervalo de 20 minutos, todos os 92 alunos enviaram suas respostas. 90% da turma tirou 10. Em 21 anos de atuação no Ensino Superior, trabalhando da mesma forma, isso jamais aconteceu. Como o professor sempre fez a distribuição normal das notas, a famosa curva de Gauss, ao fazer a curva com as 92 notas, constatou uma total não conformidade. Conclusão: houve cola. Após muitas reuniões remotas, com vários órgãos da instituição, cancelou-se a prova. Obviamente, vários alunos reclamaram e juraram que não haviam colado. Alguns disseram que errado estava o professor, pois não tinha como provar a cola. Alguns insinuaram que a curva de Gauss não se aplicava, nesses casos. Ledo engano: aplica-se sim.

Nova prova foi aplicada, usando uma plataforma que disponibilizava provas diferentes para cada aluno, à medida que acessavam a plataforma utilizada. Os professores fizeram um banco com 30 questões diferentes (deu muito trabalho). A cola se repetiu, mas o índice de notas máximas "caiu" para 75%. De novo a curva de Gauss mostrou irregularidades. O professor tentou, mas não mais conseguiu cancelar a prova. Insinuou-se que o professor era "chato" e criador de caso.

Uma terceira prova foi aplicada, nos mesmos moldes da anterior e, novamente houve cola, de novo constatado pela curva de Gauss. Poucos alunos foram para a Prova Final e todos passaram, até porque o professor não tinha condições psicológicas para reprovar alunos honestos, quando vários desonestos contumazes passaram porque colaram.

Após o resultado final, vários alunos, que fizeram a prova final, enviaram e--mail para o professor, declarando que ele estava certo, pois muitos colaram. Disseram que muitos colaram via *whatsapp*. Dividiram as questões entre si, resolveram e trocaram as respostas.

O professor também descobriu, e confirmou, que existiam grupos de alunos e "professores" (seriam bandidos?), que cobravam para resolver as questões. O esquema era o seguinte: um grupo se juntava, dividia o valor pedido e pagava ao bandido, desculpa aluno ou "professor". Na hora da prova, enviavam as questões e ficavam aguardando, enquanto, do outro lado, as provas eram resolvidas. Na sequência, recebiam as respostas, enviavam para o "boboca" do professor, ou melhor, da plataforma, e pronto: tudo certo, nota 10.

8.3 O plágio escolar

O dicionário Houaiss da língua portuguesa define a palavra plágio como a apresentação de um trabalho ou obra intelectual de outras pessoas, como se fossem de sua própria autoria. O plágio escolar é aquele praticado na Educação Básica, especialmente no Ensino Médio, onde alunos extraem da Internet (control C/control V) toda e qualquer tipo de informação, inclusive belas imagens, e lançam nos trabalhos solicitados, sem qualquer análise e sem filtros. Às vezes são entregues volumosos trabalhos que configuram um verdadeiro mosaico ou Frankenstein, totalmente sem sentido.

Cabe aos professores, insistentemente, explicar e orientar como se pode usar citações e artigos da Internet, sem violar os direitos autorais. Os trabalhos têm que ser lidos, corrigidos e, em caso de plágio, o aluno tem que ser advertido. O trabalho não deve ser aceito e o professor pode dar uma nova chance, para que seja feito da forma correta e dentro da lei. Não é porque existem coisas facilmente acessíveis na Internet, que se pode livremente copiar e "passar para frente". Trechos escritos, e até imagens, podem e devem ser utilizados, desde que sejam curtos e, principalmente, têm que ser citadas as fontes, ou seja, dando os créditos dos autores.

8.4 O plágio acadêmico e o direito autoral

É aquele que ocorre no nível superior e Pós-graduações. As informações a seguir foram baseadas e acessadas em maio de 2021, do *site*:

https://querobolsa.com.br/revista/plagio-academico-o-que-e--e-por-que-e-consideradocrime#:~:text=No%20ambiente%20acad%C3%AAmico%2C%20o%20pl%C3%A1gio,citar%20o%20nome%20dos%20autores.&text=O%20pl%C3%A1gio%20acad%C3%AAmico%20%C3%A9%20classificado,%2C%20parcial%2C%20conceitual%20e%20autopl%C3%A1gio.

(Observa-se que: como está sendo feita a citação da fonte, o a seguir descrito não configura plágio).

O plágio acadêmico pode ser classificado como: integral, parcial, conceitual e autoplágio, ou respectivamente: cópia de uma obra ou artigo completa, sem identificar o autor; cópia de trechos de várias obras ou da mesma obra ou artigo; cópia do conteúdo de uma obra ou artigo com a modificação das palavras e publicar um trabalho antigo ou trechos como se fosse inédito.

O autoplágio não é considerado uma contravenção, já que o plágio, propriamente dito, apenas caracteriza-se quando a fonte utilizada é de outro autor. Em trabalhos acadêmicos, aceita-se o autoplágio, quando, por exemplo, o autor altera o título do trabalho.

Copyright é o direito de cópia, ou seja, autores de obras têm pleno direito de domínio do seu conteúdo, ficando proibida a reprodução por qualquer meio sem que tenha uma autorização prévia do autor e ou da editora.

Desde 19 de fevereiro de 1998, a Lei 9.610 existe para regular os direitos autorais de escritores, artistas, fotógrafos e músicos. As produções de um indivíduo são consideradas sua propriedade intelectual e, por esse motivo, devem ser protegidas. O descumprimento dessa Lei permite punição como multa e detenção de três meses a um ano, de acordo com o artigo 184 do Código Penal. Em caso de cópia indevida com o objetivo de obter lucros, a multa também é aplicada e a detenção é de dois a quatro anos. Observa-se que, infelizmente, em 2021, ainda existiam copiadoras, especialmente em instituições públicas de ensino, que faziam cópias completas de livros, encadernavam e vendiam para alunos, muito mais barato do que se fosse comprado o livro. Isso é crime.

No Ensino Superior, o plágio pode ser justificativa para zerar trabalhos, especialmente o Trabalho de Conclusão de Curso (TCC), com sérios prejuízos para o aluno.

Em cursos de Pós-graduações *stricto sensu*, nomeadamente mestrado e doutorado, quando o plágio é comprovado, após inquérito administrativo, conduzido pela instituição, é normal a cassação do título obtido.

Para facilitar a identificação de plágios, em 2021, existiam, por exemplo, os seguintes programas *on-line* gratuitos: o Grammarly e e o Plagiarisma.

À época, era necessário se inscrever nos *sites*, colocar o trecho com suspeita de plágio e aguardar alguns minutos pelo resultado. Essas eram práticas comuns entre professores e alunos universitários, principalmente em Trabalho de Conclusão de Curso – TCC, a famosa e muito temida Monografia. Em trabalhos acadêmicos, costuma-se aceitar o autoplágio, mas a fonte tem que ser citada nas referências e até no corpo do trabalho.

Tem um outro crime de direito autoral, via Internet, muito comum no Brasil e que poucas pessoas entendem como crime, inclusive muitos professores. Falamos de livros inteiros que são escaneados e disponibilizados gratuitamente na Internet, ou seja, qualquer um desonesto pode ter acesso a um bom livro, sem gastar um centavo.

E quanto aos prejuízos do autor e da editora? O autor tem todo o trabalho intelectual (muito tempo e trabalho), para escrever um livro, cuja venda lhe dá o direito de receber de 8% a 10% do preço de capa, como direitos autorais. A editora gasta alguns milhares de reais para imprimir, normalmente entre 500 e mil exemplares, obtendo seu lucro de cerca de 20% do preço de capa. Só quem ganha (ou acha que ganha) é o espertalhão ou criminoso que obteve o livro da Internet, sem gastar um centavo.

Palavras Finais

A história cita que o primeiro curso oferecido sem aulas presenciais, ou seja, a distância, foi no ano de 1728, quando Caleb Phillips, do jornal americano Gazeta de Boston, inaugurou a Educação a Distância, com um curso de taquigrafia. Algumas fontes citam que tudo começou em 1881, na Universidade de Chicago, com curso por meio de cartas. Também é citado o ano de 1890, na Alemanha, como início da EaD, via cartas. No Brasil, a EaD iniciou-se em 1904, quando o antigo Jornal do Brasil ofereceu um curso de datilografia por correspondência. Em 1922, a Universidade da Pensilvânia, nos EUA, passou a oferecer cursos pelo rádio. Em 1939, o Instituto Monitor, e em 1946, o Instituto Universal passaram a oferecer cursos profissionais por correspondência, no Brasil. Em 1947 o Senac e o Sesc, junto com algumas emissoras de rádio, criaram a Universidade do Ar, oferecendo cursos da área do comércio, via rádio.

Na década de 1960, o governo criou o Código Brasileiro de Telecomunicações, abrigando emissoras privadas de televisão com programações voltadas para fins educativos, como foi o caso da TV Cultura e da TV Escola.

Em 1976, em plena ditadura militar, foi criado o Sistema Nacional de Tele-educação, com cursos por correspondência, via rádio e TV. Com a chegada da informatização ao Brasil, entre 1988 e 1991, o Sistema Nacional de Tele-educação foi reestruturado, possibilitando a criação em 1995, do Centro Nacional de Educação a Distância – CEAD.

Em dezembro de 1996, a Lei 9.394, das Diretrizes e Bases da Educação, definiu o Ensino a Distância como uma modalidade de ensino, para complementação da aprendizagem ou em casos emergenciais, onde o artigo 87 cita que, cabe aos municípios: “prover cursos presenciais ou a distância, para atender os jovens e adultos com pouca escolarização”.

No Brasil, em meados da década de 1990, a Internet começou a ser usada, iniciando-se o que se chama, Educação a Distância - EaD. A partir de então, essa modalidade de ensino se consolidou, sendo que em 1996 foi criada pelo MEC a Secretaria de Educação a Distância, SEED. Em 2019, estimava-se que, em 2023, o Brasil teria mais alunos matriculados no EaD do que no ensino presencial. Em 2018, de acordo com a reforma do Ensino Médio, esse nível de ensino também passou a poder ser cursado a distância.

Tudo foi possível graças ao avanço tecnológico. Cada vez mais, *softwares* mais leves e desenvolvidos permitem que estudantes acessem as plataformas de ensino de sua instituição do *smartphone*. Por isso, é cada vez mais fácil colocar em prática a ideia de poder assistir às aulas de qualquer lugar que tenha acesso à Internet.

O problema já não é mais a tecnologia, mas sim, como projetar e prover aulas a distância. Um sério problema, no Brasil, especialmente em aulas remotas, é a desigualdade ou exclusão digital, já que muitos alunos pobres, especialmente os da Educação Básica, não têm como acessar e assistir as aulas. Ou seja, especialmente as escolas públicas têm que estar preparadas, para que seus alunos mais carentes possam ir até lá e acessar as aulas, obviamente, aproveitando o momento das aulas presenciais. Esse foi o grande problema da Educação no Brasil, durante a pandemia de 2020 e 2021, dezenas de milhares de alunos carentes, não tiveram acesso ao ensino. Quais as consequências desse hiato na aprendizagem daqueles alunos? Especialistas em Educação, no segundo semestre de 2021, falavam que levaríamos anos para recuperar o que não se ensinou/aprendeu! Muitos afirmavam que, para muitos alunos, as perdas seriam irrecuperáveis. Qual o impacto disso no progresso do Brasil?

Durante séculos a Pedagogia e a Didática evoluíram muito, até que na década de 1990 chegou-se à Heutagogia, com a Educação a Distância - EaD, utilizando a Rede Mundial de Internet. Em 2021, principalmente com o desenvolvimento da computação gráfica e das Realidades Virtual e Aumentada, o professor José Abrantes propôs que a Educação a Distância, e as aulas remotas, fossem fundamentadas nos três seguintes conceitos didático/pedagógicos, chamados de "Pedagogias Digitais": a Pedagogia Digital (aplicada às crianças e jovens), a Andragogia/Antropogogia Digital (aplicada à educação formal de adultos) e a Heutagogia Digital Ampliada (aplicada aos cursos livres e às Pós-graduações *lato* e *stricto sensu*). Como citado ao longo do livro, aulas remotas não devem ser realizadas apenas com a projeção de conteúdos, com o professor lendo o que está escrito. Isso não é Educação, isso não é ensino. Professor *data show* não!

Entende-se que em alguns anos, após a 1ª edição desse livro, com a utilização das Realidades Virtual e Aumentada, aplicadas à Educação a Distância e às aulas remotas, será possível atingir-se um nível de Educação, jamais imaginado, podendo inclusive até atingir a todos, especialmente os excluídos socialmente, pelos mais diversos motivos.

As grandes questões que ficam são: aonde chegará a Educação, quando também a Inteligência Artificial puder ser utilizada nos processos educacionais? Algum dia será possível fazer o *download* de informações e conhecimentos diretamente no cérebro humano, praticamente eliminando a necessidade da Escola, seja de que tipo for? Qual será o impacto social e emocional, especialmente em crianças e jovens, após anos de estudos sem frequentar espaços físicos, junto com outros alunos? Será que o caminho do meio, com o Ensino Híbrido, ou seja, presencial e remoto, é a solução? Como dosar o presencial e o remoto, para cada nível de ensino?

O autor finaliza dizendo que, principalmente com a experiência que teve com aulas remotas em 2020 e 2021, no Instituto de Matemática e Estatística, da Universidade do Estado do Rio de Janeiro – Ime/Uerj, se convenceu que o ensino híbrido, com aulas invertidas, deve ser a tendência da Educação, onde se mantém, ainda que em parte, o contato social, nas aulas presenciais.

José Abrantes (D.Sc.).

Referências

ABRANTES, José. **Quem não cola não sai da Escola?** Rio de Janeiro: WAK, 2008.

ABRANTES, José; ABRANTES, Lena. **Por que as mulheres são mais inteligentes que os homens?** Uma análise baseada no rendimento escolar e no conceito das Inteligências Múltiplas de Howard Gardner. Rio de Janeiro: WAK, 2009.

ABRANTES, José. **A Pedagogia Empresarial nas organizações que aprendem.** 2.ed. Rio de Janeiro: WAK, 2012.

ALVES, Rubem. **A Escola com que sempre sonhei sem imaginar que pudesse existir.** Campinas, SP: Papirus, 2001.

__________. **Para quem gosta de ensinar.** São Paulo: Papirus, 2016.

ARMSTRONG, Thomas. **Inteligências Múltiplas na sala de aula.** 2 ed. Tradução de Maria Adriana Veríssimo Veronese. Porto Alegre, RGS: Artmed, 2001.

BRIZENDINE, Louann. **Como as mulheres pensam.** Tradução de Cristina Yamagami. Rio de janeiro: Elsevier, 2006.

CAMPBELL, Linda; CAMPBELL, Bruce; DICKINSON, Dee. **Ensino e aprendizagem por meio das Inteligências Múltiplas.** 2 ed. Tradução de Magda França Lopes. Porto Alegre, RGS: Artmed, 2000.

COSTA, Ivanilson. **Novas Tecnologias e Aprendizagem**. 2.ed. Rio de Janeiro: WAK, 2014.

DeAQUINO, Carlos Tasso Eira. **Como aprender: andragogia e as habilidades de aprendizagem**. São Paulo: Pearson Prentice Hall, 2007.

DEMO, Pedro. **Desafios Modernos da Educação**. 16.ed. Rio de Janeiro: Vozes, 2010.

GADOTTI, Moacir. **Pedagogia da terra**. 5.ed. São Paulo: Fundação Peirópolis, 2000.

__________ **Pedagogia da terra: Ecopedagogia e educação sustentável**. São Paulo: Fundação Peirópolis, 2005.

GIROTO, Luciane de Fátima; MIRA, José Eugênio de. **Tecnologias emergentes no Ensino a Distância: Realidade Virtual, Realidade Aumentada e uma proposta de utilização do Cardboard**. Bauru, São Paulo, maio de 2016. (http://www.abed.org.br/congresso2016/trabalhos/39.pdf . Acesso em 01/12/2017).

LIBÂNEO, José Carlos. **Didática**. 2.ed. São Paulo: Cortez, 2013.

LOPES, Izolda (Org.); TRINDADE, Ana Beatriz e CADINHA, Márcia Alvim. **Pedagogia Empresarial**. Formas e contextos de atuação. Rio de Janeiro: WAK, 2007.

MARTINS, João Carlos. **O fazer pedagógico**. (Re)significando o olhar do educador. Rio de Janeiro: WAK, 2009.

MOSÉ, Viviane (Org.). **A escola e os desafios contemporâneos**. Rio de Janeiro: Civilização Brasileira, 2013.

NOGUEIRA, Nilbo Ribeiro. **Pedagogia dos projetos.** Uma jornada interdisciplinar rumo ao desenvolvimento das Múltiplas Inteligências. São Paulo: Érica, 2001.

PACHECO, José. **Escola da Ponte: Formação e Transformação da Educação.** 5.ed. Petrópolis, RJ: Vozes, 2013.

PACHECO, José e PACHECO, Maria de Fátima (orgs.). **A Avaliação da Aprendizagem na Escola da Ponte**. Rio de Janeiro: WAK, 2012.

PEASE, Allan; PEASE, Bárbara. **Por que os homens fazem sexo e as mulheres fazem amor?** Uma visão científica (e bem-humorada) de nossas diferenças. 11. ed. Tradução de Neuza M. Simões Capelo. Rio de Janeiro: Sextante, 2000.

PORTILHO, Evelise. **Como se aprende?** Estratégias, Estilos e Metacognição. 2.ed. Rio de Janeiro: WAK, 2011.

RIPPON, Gina. **Gênero e os nossos cérebros**. Como a neurociência acabou com o mito de um cérebro feminino ou masculino. Tradução de Ryta Vinagre. Rio de Janeiro: Rocco, 2021.

SCHNEIDER, Eduardo Luis et all. **Estudo de caso do uso da Realidade Aumentada no setor de EaD do CESUP**. Revista Informática na Educação: Teoria e prática. Porto Alegre. V.17. n.2. p. 75-88. jul./dez. 2014.

ZÓBOLI, Graziella. **Práticas de Ensino**. Subsídios para a prática docente. Rio de Janeiro: WAK, 2014.

Anexo A

Decreto de regulamentação da EaD (Decreto nº 9.057, de 25/05/2017)

Decreto nº 9.057, de 25 de maio de 2017. Regulamenta o art. 80 da Lei nº 9.394, de 20 de dezembro de 1996, que estabelece as diretrizes e bases da educação nacional.

O PRESIDENTE DA REPÚBLICA, no uso das atribuições que lhe confere o art. 84, caput, incisos IV e VI, alínea "a", da Constituição, e tendo em vista o disposto no art. 80 da Lei nº 9.394, de 20 de dezembro de 1996, na Lei nº 10.861, de 14 de abril de 2004 e na Lei nº 13.005, de 25 de junho de 2014, DECRETA:

CAPÍTULO I: DISPOSIÇÕES GERAIS

Art. 1º Para os fins deste Decreto, considera-se educação a distância a modalidade educacional na qual a mediação didático-pedagógica nos processos de ensino e aprendizagem ocorra com a utilização de meios e tecnologias de informação e comunicação, com pessoal qualificado, com políticas de acesso, com acompanhamento e avaliação compatíveis, entre outros, e desenvolva atividades educativas por estudantes e profissionais da educação que estejam em lugares e tempos diversos.

Art. 2º A educação básica e a educação superior poderão ser ofertadas na modalidade a distância nos termos deste Decreto, observadas as condições de acessibilidade que devem ser asseguradas nos espaços e meios utilizados.

Art. 3º A criação, a organização, a oferta e o desenvolvimento de cursos a distância observarão a legislação em vigor e as normas específicas expedidas pelo Ministério da Educação.

Art. 4º As atividades presenciais, como tutorias, avaliações, estágios, práticas profissionais e de laboratório e defesa de trabalhos, previstas nos projetos pedagógicos ou de desenvolvimento da instituição de ensino e do curso, serão realizadas na sede da instituição de ensino, nos polos de educação a distância ou em ambiente profissional, conforme as Diretrizes Curriculares Nacionais.

Art. 5º O polo de educação a distância é a unidade acadêmica e operacional descentralizada, no País ou no exterior, para o desenvolvimento de atividades presenciais relativas aos cursos ofertados na modalidade a distância.

Parágrafo único. Os polos de educação a distância deverão manter infraestrutura física, tecnológica e de pessoal adequada aos projetos pedagógicos ou de desenvolvimento da instituição de ensino e do curso.

Art. 6º Compete ao Ministério da Educação, em articulação com os órgãos e as entidades a ele vinculados:

I - o credenciamento e o recredenciamento de instituições de ensino dos sistemas de ensino federal, estaduais e distrital para a oferta de educação superior na modalidade a distância; e

II - a autorização, o reconhecimento e a renovação de reconhecimento de cursos superiores na modalidade a distância de instituições de ensino integrantes do sistema federal de ensino, respeitadas as prerrogativas de autonomia.

Art. 7º Os sistemas de ensino, em regime de colaboração, organizarão e manterão abertos ao público os dados e atos referentes a:

I - credenciamento e recredenciamento institucional para oferta de cursos na modalidade a distância;

II - autorização, reconhecimento e renovação de reconhecimento de cursos na modalidade a distância; e

III - resultados dos processos de avaliação e de supervisão da educação na modalidade a distância.

CAPÍTULO II: DA OFERTA DE CURSOS NA MODALIDADE A DISTÂNCIA NA EDUCAÇÃO BÁSICA

Art. 8º Compete às autoridades dos sistemas de ensino estaduais, municipais e distrital, no âmbito da unidade federativa, autorizar os cursos e o funcionamento de instituições de educação na modalidade a distância nos seguintes níveis e modalidades:

I - ensino fundamental, nos termos do § 4º do art. 32 da Lei nº 9.394, de 20 de dezembro de 1996; II - ensino médio, nos termos do § 11 do art. 36 da Lei nº 9.394, de 1996; III - educação profissional técnica de nível médio; IV - educação de jovens e adultos e V - educação especial.

Art. 9º A oferta de ensino fundamental na modalidade a distância em situações emergenciais, previstas no § 4º do art. 32 da Lei nº 9.394, de 1996, se refere a pessoas que:

I - estejam impedidas, por motivo de saúde, de acompanhar o ensino presencial; II - se encontrem no exterior, por qualquer motivo; III - vivam em localidades que não possuam rede regular de atendimento escolar presencial; IV - sejam transferidas compulsoriamente para regiões de difícil acesso, incluídas as missões localizadas em regiões de fronteira; ou V - estejam em situação de privação de liberdade.

Art. 10. A oferta de educação básica na modalidade a distância pelas instituições de ensino do sistema federal de ensino ocorrerá conforme a sua autonomia e nos termos da legislação em vigor.

CAPÍTULO III: DA OFERTA DE CURSOS NA MODALIDADE A DISTÂNCIA NA EDUCAÇÃO SUPERIOR

Art. 11. As instituições de ensino superior privadas deverão solicitar credenciamento para a oferta de cursos superiores na modalidade a distância ao Ministério da Educação.

§ 1º O credenciamento de que trata o *caput* considerará, para fins de avaliação, de regulação e de supervisão de que trata a Lei nº 10.861, de 14 de abril de 2004, a sede da instituição de ensino acrescida dos endereços dos polos de educação a distância, quando previstos no Plano de Desenvolvimento Institucional e no Projeto Pedagógico de Curso.

§ 2º É permitido o credenciamento de instituição de ensino superior exclusivamente para oferta de cursos de graduação e de pós-graduação *lato sensu* na modalidade a distância.

§ 3º A oferta de curso de graduação é condição indispensável para a manutenção das prerrogativas do credenciamento de que trata o § 2º.

§ 4º As escolas de governo do sistema federal credenciadas pelo Ministério da Educação para oferta de cursos de pós-graduação *lato sensu* poderão ofertar seus cursos nas modalidades presencial e a distância.

§ 5º As escolas de governo dos sistemas estaduais e distrital deverão solicitar credenciamento ao Ministério da Educação para oferta de cursos de pós-graduação *lato sensu* na modalidade a distância.

Art. 12. As instituições de ensino superior públicas dos sistemas federal, estaduais e distrital ainda não credenciadas para a oferta de cursos superiores na modalidade a distância ficam automaticamente credenciadas, pelo prazo de cinco anos, contado do início da oferta do primeiro curso de graduação nesta modalidade, condicionado à previsão no Plano de Desenvolvimento Institucional.

Parágrafo único. As instituições de ensino de que trata o *caput* ficarão sujeitas ao recredenciamento para oferta de educação na modalidade a distância pelo Ministério da Educação, nos termos da legislação específica.

Art. 13. Os processos de credenciamento e recredenciamento institucional, de autorização, de reconhecimento e de renovação de reconhecimento de cursos superiores na modalidade a distância serão submetidos à avaliação *in loco* na sede da instituição de ensino, com o objetivo de verificar a existência e a adequação de metodologia, de infraestrutura física, tecnológica e de pessoal que possibilitem a realização das atividades previstas no Plano de Desenvolvimento Institucional e no Projeto Pedagógico de Curso.

Parágrafo único. Os processos previstos no *caput* observarão, no que couber, a disciplina processual aplicável aos processos regulatórios da educação superior em geral, nos termos da legislação específica e das normas expedidas pelo Ministério da Educação.

Art. 14. As instituições de ensino credenciadas para a oferta de educação superior na modalidade a distância que detenham a prerrogativa de autonomia dos sistemas de ensino federal, estaduais e distrital independem de autorização para funcionamento de curso superior na modalidade a distância.

Parágrafo único. Na hipótese de que trata o *caput*, as instituições de ensino deverão informar ao Ministério da Educação quando da oferta de curso superior na modalidade a distância, no prazo de sessenta dias, contado da data de criação do curso, para fins de supervisão, de avaliação e de posterior reconhecimento, nos termos da legislação específica.

Art. 15. Os cursos de pós-graduação *lato sensu* na modalidade a distância poderão ter as atividades presenciais realizadas em locais distintos da sede ou dos polos de educação a distância.

Art. 16. A criação de polo de educação a distância, de competência da instituição de ensino credenciada para a oferta nesta modalidade, fica condicionada ao cumprimento dos parâmetros definidos pelo Ministério da Educação, de acordo com os resultados de avaliação institucional.

§ 1º As instituições de ensino deverão informar a criação de polos de educação a distância e as alterações de seus endereços ao Ministério da Educação, nos termos a serem estabelecidos em regulamento.

§ 2º A extinção de polo de educação a distância deverá ser informada ao Ministério da Educação após o encerramento de todas as atividades educacionais, assegurados os direitos dos estudantes matriculados e da comunidade acadêmica.

Art. 17. Observado o disposto no art. 14, os pedidos de autorização, de reconhecimento e de renovação de reconhecimento de cursos superiores na modalidade a distância, ofertados nos limites dos Estados e do Distrito Federal nos quais estejam sediadas as instituições de ensino dos sistemas estaduais e distrital, deverão tramitar nos órgãos competentes de âmbito estadual ou distrital, conforme o caso, aos quais caberá a supervisão das instituições de ensino.

Parágrafo único. Os cursos das instituições de ensino de que trata o *caput* cujas atividades presenciais forem realizadas fora do Estado da sede da instituição de ensino, estarão sujeitos à regulamentação do Ministério da Educação.

Art. 18. A oferta de programas de pós-graduação *stricto sensu* na modalidade a distância ficará condicionada à recomendação da Coordenação de Aperfeiçoamento de Pessoal de Nível Superior - Capes, observadas as diretrizes e os pareceres do Conselho Nacional de Educação.

Art. 19. A oferta de cursos superiores na modalidade a distância admitirá regime de parceria entre a instituição de ensino credenciada para educação a distância e outras pessoas jurídicas, preferencialmente em instalações da instituição de ensino, exclusivamente para fins de funcionamento de polo de educação a distância, na forma a ser estabelecida em regulamento e respeitado o limite da capacidade de atendimento de estudantes.

§ 1º A parceria de que trata o caput deverá ser formalizada em documento próprio, o qual conterá as obrigações das entidades parceiras e estabelecerá a responsabilidade exclusiva da instituição de ensino credenciada para educação a distância ofertante do curso quanto a:

I - prática de atos acadêmicos referentes ao objeto da parceria; II - corpo docente; III - tutores;

IV - material didático e V - expedição das titulações conferidas.

§ 2º O documento de formalização da parceria de que trata o §1º, ao qual deverá ser dada ampla divulgação, deverá ser elaborado em consonância com o Plano de Desenvolvimento Institucional de cada instituição de ensino credenciada para educação a distância.

§ 3º A instituição de ensino credenciada para educação a distância deverá manter atualizadas junto ao Ministério da Educação as informações sobre os polos, a celebração e o encerramento de parcerias, na forma a ser estabelecida em regulamento, a fim de garantir o atendimento aos critérios de qualidade e assegurar os direitos dos estudantes matriculados.

CAPÍTULO IV: DISPOSIÇÕES FINAIS E TRANSITÓRIAS

Art. 20. Os órgãos competentes dos sistemas de ensino poderão, motivadamente, realizar ações de monitoramento, de avaliação e de supervisão de cursos, polos ou instituições de ensino, observada a legislação em vigor e respeitados os princípios do contraditório e da ampla defesa.

Art. 21. O disposto neste Decreto não afasta as disposições específicas referentes aos sistemas públicos de educação a distância, à Universidade Aberta do Brasil e à Rede e-Tec Brasil.

Art. 22. Os atos de credenciamento para a oferta exclusiva de cursos de pós-graduação *lato sensu* na modalidade a distância concedidos a instituições de ensino superior serão considerados também para fins de oferta de cursos de graduação nesta modalidade, dispensado novo credenciamento ou aditamento.

Art. 23. Os processos de credenciamento para oferta de educação a distância e de autorização de cursos a distância vinculados, em tramitação na data de publicação deste Decreto, cujas avaliações *in loco* na sede tenham sido concluídas, terão a fase de análise finalizada pela Secretaria competente no Ministério da Educação.

§ 1º Os processos de autorização de cursos a distância vinculados de que trata o caput protocolados por instituições de ensino detentoras de autonomia, sem avaliação in loco realizada na sede, serão arquivados e a autorização ficará a cargo da instituição de ensino, após o credenciamento.

§ 2º Nos processos mencionados no caput, somente serão considerados para fins de credenciamento de polos de educação a distância os endereços nos quais a avaliação in loco tenha sido realizada, e aqueles não avaliados serão arquivados, sem prejuízo de sua posterior criação pela instituição de ensino, conforme o disposto no art. 16.

§ 3º O disposto no § 2º se aplica, no que couber, aos processos de aditamento de credenciamento de polos de educação a distância em tramitação na data de publicação deste Decreto.

§ 4º Eventuais valores de taxas recolhidas para avaliações não realizadas ficarão disponíveis para utilização em outros processos de avaliação referentes à mesma instituição de ensino.

§ 5º As instituições de ensino poderão optar pelo não arquivamento dos endereços não avaliados, na forma a ser estabelecida em regulamento.

Art. 24. Ficam revogados:

I - o Decreto nº 5.622, de 19 de dezembro de 2005; e II - o art. 1º do Decreto nº 6.303, de 12 de dezembro de 2007.

Art. 25. Este Decreto entra em vigor na data de sua publicação.

Brasília, 25 de maio de 2017; 196º da Independência e 129º da República.

Impressão e acabamento
Gráfica da Editora Ciência Moderna Ltda.
Tel: (21) 2201-6662